中国社会科学院创新工程学术出版资助项目

当代中国社会变迁研究文库

日常生活研究的方法论

一个初步的探索

赵 锋◎著

Methodology of Everyday Life Studies

A Prelimiary Enquiry

社会科学文献出版社

SSAP

SOCIAL SCIENCES ACADEMIC PRESS (CHINA)

总　序
推进中国社会学的新成长

中国社会学正处于快速发展和更新换代的阶段。改革开放后第一批上大学的社会学人，已经陆续到了花甲之年。中国空前巨大的社会变迁所赋予社会学研究的使命，迫切需要推动社会学界新一代学人快速成长。

"文化大革命"结束后，百废待兴，各行各业都面临拨乱反正。1979 年 3 月 30 日，邓小平同志在党的理论工作务虚会上，以紧迫的语气提出，"实现四个现代化是一项多方面的复杂繁重的任务，思想理论工作者的任务当然不能限于讨论它的一些基本原则。……政治学、法学、社会学以及世界政治的研究，我们过去多年忽视了，现在也需要赶快补课。……我们已经承认自然科学比外国落后了，现在也应该承认社会科学的研究工作（就可比的方面说）比外国落后了"。所以必须奋起直追，深入实际，调查研究，力戒空谈，"四个现代化靠空谈是化不出来的"。此后，中国社会学进入了一个通过恢复、重建而走向蓬勃发展和逐步规范、成熟的全新时期。

社会学在其恢复和重建的初期，老一辈社会学家发挥了"传帮带"的作用，并继承了社会学擅长的社会调查的优良传统。费孝通先生是我所在的中国社会科学院社会学研究所第一任所长，他带领的课题组，对实行家庭联产承包责任制后的农村进行了深入的调查，发现小城镇的发展对乡村社区的繁荣具有十分重要的意义。费孝通先生在20世纪80年代初期发表的《小城镇·大问题》和提出的乡镇企业发展的苏南模式、温州模式等议题，产生了广泛的影响，并受到当时中央领导的高度重视，发展小城镇和乡镇企业也随之成为中央的一个"战略性"的"大政策"。社会学研究所第三任所长陆学艺主持的"中国百县市经济社会调查"，形成了100多卷本调查著作，已建立了60多个县（市）的基础问卷调查资料数据库，现正在组织进行"百村调查"。中国社会科学院社会学研究所的研究人员在20世纪90年代初期集体撰写了第一本《中国社会发展报告》，提出中国社会变迁的一个重要特征，就是在从计划经济向社会主义市场经济的体制转轨的同时，也处于从农业社会向工业社会、从乡村社会向城市社会、从礼俗社会向法理社会的社会结构转型时期。在社会学研究所的主持下，从1992年开始出版的《中国社会形势分析与预测》年度"社会蓝皮书"，至今已出版20本，在社会上产生了较大影响，并受到有关决策部门的关注和重视。我主持的从2006年开始的全国大规模社会综合状况调查，也已经进行了三次，建立起了庞大的社会变迁数据库。

2004年党的十六届四中全会提出的构建社会主义和谐社会的新理念，标志着一个新的发展时期的开始，也意味着中国社会学发展的重大机遇。2005年2月21日，我和我的前任景天魁研究员为中央政治局第二十次集体学习做"努力构建社会主义和谐社会"的讲解后，胡锦涛总书记对我们说："社会学过去我们重视不够，现在提出建设和谐社会，是社会学发展的一个很好的时机，也可以说是社会学的春天吧！你们应当更加深入地进行对社会结构和利益关系的调查研究，加强对社会建设和社会管理思想的研究。"2008年，一些专家学者给中央领导写信，建议加大对社会学建设发展的扶持力度，受到中央领导的高度重视。胡锦涛总书记批示："专家们来信提出的问题，须深入研究。要从人才培养入手，逐步扩大社会学研究队伍，推动社会学发展，为构建社会主义和谐社会服务。"

目前，在恢复和重建 30 多年后，中国社会学已进入了蓬勃发展和日渐成熟的时期。中国社会学的一些重要研究成果，不仅受到国内其他学科的广泛重视，也引起国际学术界的关注。现在，对中国社会发展中的一些重大经济社会问题的跨学科研究，都有社会学家的参与。中国社会学已基本建立起有自身特色的研究体系。

回顾和反思 30 多年来走过的研究历程，社会学的研究中还存在不少不利于学术发展的问题。

一是缺乏创新意识，造成低水平重复。现在社会学的"研究成果"不可谓不多，但有一部分"成果"，研究之前缺乏基本的理论准备，不对已有的研究成果进行综述，不找准自己在学科知识系统中的位置，没有必要的问题意识，也不确定明确的研究假设，缺少必需的方法论证，自认为只要相关的问题缺乏研究就是"开创性的""填补空白的"，因此研究的成果既没有学术积累的意义，也没有社会实践和社会政策的意义。造成的结果是，低水平重复的现象比较普遍，这是学术研究的大忌，也是目前很多研究的通病。

二是缺乏长远眼光，研究工作急功近利。由于科研资金总体上短缺，很多人的研究被经费牵着鼻子走。为了评职称，急于求成，原来几年才能完成的研究计划，粗制滥造几个月就可以出"成果"。在市场经济大潮的冲击下，有的人产生浮躁情绪，跟潮流、赶时髦，满足于个人上电视、见报纸、打社会知名度。在这种情况下，一些人不顾个人的知识背景和学科训练，不尊重他人的研究成果，不愿做艰苦细致的调查研究工作，也不考虑基本的理论和方法要求，对于课题也是以"圈"到钱为主旨，偏好于短期的见效快的课题，缺乏对中长期重大问题的深入研究。

三是背离学术发展方向，缺乏研究的专家和大家。有些学者没有自己的专门研究方向和专业学术领域，却经常对所有的问题都发表"专家"意见，"研究"跟着媒体跑，打一枪换一个地方。在这种情况下，发表的政策意见，往往离现实很远，不具有可操作性或参考性；而发表的学术意见，往往连学术的边也没沾上，仅仅是用学术语言重复了一些常识而已。这些都背离了科学研究出成果、出人才的方向，没能产生出一大批专家，更遑论大家了。

这次由中国社会科学院社会学研究所学术委员会组织的"当代中国社会变迁研究文库"，主要是由社会学研究所研究人员的成果构成，但其主旨是反映、揭示、解释我国快速而巨大的社会变迁，推动社会学研究的创新，特别是推进新一代社会学人的成长。

李培林

2011 年 10 月 20 日于北京

目　录

绪论
回顾与反思

　　这不是一本严格意义上的专著，它主要由五篇看似独立的论文组成——在断断续续两年左右的时间中，为了完成国家社科基金的课题而赶制出来的。这些"成果"虽然很单薄，但它们确实是个人多年努力的结果。此外，在这部所谓的著作未完成之际，它似乎注定就要被笔者所抛弃，而自完成之日起，它也注定成为笔者批评的对象。为什么它没有按照最初的设想写成一本严格意义上的著作呢？为何一边说它们是赶制出来的，一边又说它们是多年劳作的结果呢？为何说它注定要被笔者所抛弃呢？它又为何注定成为笔者批评的对象呢？当它有可能作为一本著作面对世人的时候，笔者觉得有必要就它的诞生和成长过程做一番回顾，同时也有必要把笔者自己对它的"不满"写下来并作为这部"专著"的一个部分。

一　回顾

1. 本书的由来

　　这本书来自作者 2015 年申请的国家社科基金的同名课题"日常生活研究的方法论"。这个课题虽然是 2015 年申请成功的，但是有关它的最初想法在我参加第十八届世界社会学大会前就有了。在参加大会之前，我在 2013 年 10 月底提交了题为"日常生活的民主"的论文摘要，也许从那时起就想以"日常生活"为题开展一些研究。2014 年初，我申请了国家社科基金同名课题，但是当年没有申请成功（可能在第一轮筛选中就落选）。翌年，我不死心，修改了一些内容，又申请了一次。

为什么会反复申请这样一个课题呢？那是因为当时受法国哲学家兼社会学家亨利·列斐伏尔（Henri Lefebvre）的影响。他的《日常生活的批判》（第一卷）的第二版序言给我留下了深刻的印象，因为他似乎认为马克思主义的未来完全在于日常生活的揭示以及日常生活的革命性变化。此外，我还读过他的其他一些文章和作品。比如，《三元与二元》（Dyads and Triads），其中把马克思主义的辩证法看作是三元的，而不是二元对立的；还有《节律分析：空间、时间和日常生活》（Rhythmanalysis：Space，Time and Everyday Life）一书。这本书我读过几次，总觉得其中有有待挖掘的宝藏，可总也把握不住其中的关键。当然，列斐伏尔关于日常生活的论述之所以能够让我产生兴趣，主要还是由我们周遭的现实引起的：一些现实在飞速地变化着，一些现实又似乎始终不变。那些始终不变而你又希望它发生变化的东西，难道不就是我们的日常生活吗？比如说，人与人之间难道不是应该相互尊重吗？但是，我们生活的现实有时候不是很缺少相互尊重吗？如果我是做哲学工作的，我可能就会从哲学的层面去分析尊重的本质，它对人的意义和价值，以及它应当成为现代社会的伦理基础，等等。但是我从事的是社会学工作，那么我们首先要做的不是去讨论什么是尊重，而是要借助尊重的想象，去探究我们周遭的现实到底是怎样的，它实际是怎样运作的，它依赖何种条件反复不断地运作，它又如何可能发生改变。社会学工作始终要实事求是，不是这样吗？这就是日常生活的概念吸引我的地方。为了能够成功地申请到课题，为了同自己的专业领域结合在一起，我选择了"日常生活研究的方法论"议题，也就是去研究在已有的研究方法和方法论的基础上，对于日常生活我们可能依据什么样的方法论原则对它开展研究——怎样才能及用什么样的方式才能把日常生活的现实真实地揭示和合理的呈现出来。这仅是当时的设想和设计，现实总是迫使我们偏离航向和航道。

为了能够在学术领域生存下来，我于2015年投入到《面子、羞耻与权威的运作》一文的写作当中。这篇没什么回响的文章是有些日常的味道的，也是后来一系列论文的起点。首先，这篇文章在写作之前根本没有参考任何前人的文献，而仅仅是由一次偶然的日常观察引起的强烈触动。在一次吃饭的时候，我偶然观察到几个学术后辈恭敬地向他们的领导敬酒，就是这样一个闪现的行为一下子触动了我。这类行为在我们的生活中到处都存在，但是过去从来没有引起过我的注意，可能我在深层"意识"中自然地把它们都接受为"应当如此这般的"或"本应如此去做的"。如果我当时不是刚刚从荷兰访学回来，如果没有同荷兰家庭一起生活了十个月，我想我一定依然会对它"视而不见"。这类行为如此的独特，文献中把它称作"面子"。于是，我开始收集和阅读相关的文献，试图理解这一行为的实质，试图弄清它运作的基础。我是借着西方的羞耻来探查"面子"的，埃里亚斯、戈夫曼、赫勒的作品是我找到的主要理论资源。赫勒提供了"权威"的概念，埃里亚斯给予了"构形"的概念，戈夫曼引导我去做"自我"的反观。在以后相当长的一段时期内，这些概念一直纠缠着我，并分别成为这部"书"的主角。

后来，由于《社会科学研究方法百科全书》的翻译工作，由于增加了新的教学工作，也由于需要补充新鲜的学术养料，更由于家庭成员的增加，课题研究就暂时中断了下来（虽然思考似乎没有停止，但是写作中止了）。不过完成课题的压力始终存在着。完成课题的压力和学术生存的压力混合在一起，变成了一种学术生存的策略。把一部设计中的著作用一组能够发表的论文来代替，似乎是很自然的。在2017年7月的一则笔记中，我还打算写作两个部分。第一部分包括日常生活作为视角，社会学对象的构造、概念与实在；第二部分包括现象学的考察、常人方法学、同其他叙事分析的作用、隐喻的解释。2018年1月，我在笔记中记录了九个篇章：日常生活作为视角、概念的发明、米德与符号互动、舒茨的现象学方法论、加芬克尔的常人方法学、戈夫曼与框架分析、福柯与言语分析、叙事分析及扎根理论。2019年7月，我打算写作三个部分。第一部分是研究对象的构建，包括日常生活作为问题、日常生活的世界（生活世界、系统与转换、社会的基本形式）、互动；第二部分是研究对象的解析，包括米德——姿态与符号、索引表达（舒茨）、常规（加芬克尔）、情境（戈夫曼）、身体技术（莫斯）；第三部分是新思维的来源，包括默识行动（波兰尼）、社会学习理论、维特根斯坦的若干注记。到了2019年10月，我已经完成了翻译工作，教学工作也步入正轨，家庭事务也不那么牵扯我了，可以全身心地去应对课题完成的压力了，我打算写作和发表的内容分作三篇。第一篇是问题的构建（高观点与经验问题），包括社会学是一门经验科学、涂尔干的"启示"、韦伯的方法实践、构型的概念；第二篇是制度的观察，包括默顿的中层理论、社会学之眼（制度及其生态、马林诺夫斯基及习俗的细致描绘、钱德勒的战略研究）、中层理论；第三篇是发现常规，包括微观制度中的问题——个体行动者（常人方法学纲领、身体技术、框架分析）、互动仪式；第四篇是教学法的视角，包括发掘资料和理论敏锐。大家可以看到，这本"书"的主要内容是按照最后一个计划去完成的。由于必须在2021年3月完成课题，我实际上只完成了原来计划中的5篇文章，虽然我收集和阅读了相关的文献，特别是关于韦伯的理想型法（有一些笔记）和常人方法学纲领（有不少阅读），但是都没有来得及落实。之所以琐碎地把上面的内容呈现给读者，是因为我觉得如果没有学术生存的压力，作为基础问题的研究者，可能会更加自如地去想象、思考、探究和讨论，而不是去匆忙地赶制和应付。有些当时想写而没有时间去完成的东西，事后可能会补上；但大概率是它们永远都不会被实现了。那些闪念的想法和探究的激情一旦消失，再想重新抓住它们就不太可能了。这些闪念甚至只会存在于个人的笔记中，从来不会有第二个人知晓（讨论和交流个人的想法既不是我们的习惯，也很少是学术制度的一个组成部分）。这里，我不是在感伤，而是在谈论一定的现实——一个很普通的基础问题的研究工作者面对的现实。

2. 本书的写作过程

这本书由五篇正文和一篇附录组成。

先谈谈附录。附录文章是《社会科学研究方法百科全书》的译者后记。这篇文章的题目是《科学之为激情，方法之为技能》，它表达了我对于科学研究工作的性质和研究方法的性质的一点思考。我至今仍然认为对于个人的科学研究而言，它最大的动力始终应当源自个人努力去把握他所不理解的现实的深层情感——一种个人的激情。最近，看到对著名科学家丁肇中的访谈，他谈到他的科学研究始终以个人的兴趣为指引，通过个人的超越前人的想象力来成就。不过，我想无论是个人的兴趣，还是个人的创造性想象力，可能都源自他自己无法抑制的某种特定的深层情感。诗人所说"求之不得，寤寐思服"，词人的"望断天涯路"，都是相似情感的表达。这只是从个人应当的角度来说的。从社会学的角度，我们倒是可以去认真研究一下，现实的科学工作者是在哪种情感和情绪的推动下工作的，怎样的文化和制度影响着他们原来所有的天生的探求欲和天生的想象力。这篇文章的写作主要受哲学家怀特海、迈克尔·波兰尼，还有马基雅维利的思想的指引。特别是马基雅维利，我认为他的作品有一种内在的科学品质。一方面，他的作品与自然科学的作品同样是科学的；另一方面，他的作品又是独特的社会科学。在这篇文章里，我借用了马基雅维利

"不自欺"的概念，现在我想把它称作"现实感"——它是作品的科学性质的基本保证。

再来叙说一下五篇正文。书中的五篇论文是按照它们开始写作的前后顺序排列的。不过，第一篇论文虽然最先写作，却是在第二篇论文投稿出去以后才完成的。我在写作《面子、羞耻与权威的运作》一文时，就引用了埃利亚斯的"构形"概念，但是当时我并没有对埃氏的"构形"概念有清晰的认识，总觉得"构形"的概念对于我们探讨社会学的一般对象有着巨大的吸引力，总想有机会去系统地探讨一下埃氏是怎样设想和使用"构形"这个概念的。因此，一旦我开始有机会认真地面对课题压力的时候，我就把它当作第一个要处理的内容。不过这篇论文在写作完成三分之一的时候，就卡壳了，本来似乎清晰的东西突然变得模糊了，就是我一下子把握不住"构形"的概念到底吸引我的地方在何处，我对它的不满又在何处。就像战士在向前推进的过程中突然消失了战斗的目标一样。这在每一个研究者身上可能都发生过。战士要通过耐心细致的搜索重新发现他们的目标，而研究者只能把它的工作暂时放下，让"潜意识"保持继续工作，以期思维的火花和工作的激情重新碰撞。完成了涂尔干的文章后，我终于完成了这篇论文的写作，并把它先后投稿给两份重要的期刊，但是都失败了。它似乎注定是一篇不成功的文章。这篇文章在写完之后就完成了它的历史任务。就是通过仔细地阅读和系统地梳理埃利亚斯的"构形"概念，我发现自己被埃氏关于"构形"概念所做的种种许诺迷惑了。"构形"概念就像诸如此类的互动概念、场域概念或结构化概念一样，都只不过是某个研究者对他面对的客体的想象表达，并不是需要研究的客体本身。我不是被研究的客体本身所吸引，而被其他人关于客体的想象表达所迷惑。不过，这点只有在完成了写作后，经过一段时间的沉淀，才可能反思地认识到。

第二篇论文是关于涂尔干的。它最初的题目是《涂尔干的启示——道德实在论的谬误与洞见》，写作的目的在于通过对涂尔干的社会实在论，也就是他的道德实在论的细致梳理来抵抗社会科学中普遍流行的方法论个体主义（methodological individualism）。最初，它是一篇有 3 万多字的长而散漫的文章，后来经过几个同事的评议，重新定名为《涂尔干的两个道德理论及其社会学问题》。通过这篇文章的写作，我形成了一个观念，就是在社会学的对象中，行动者不必只是个体行动者，也可以是各种不同类型的集体行动者，且个体行动者与集体行动者之间，以及不同类型和尺度的集体行动者之间有着根本的区别。同时，方法论个体主义和社会实在论，都不再是我必须要面对的疑惑了。这篇文章的另一个副产品是我比较系统地阅读了涂尔干的著作，特别是《宗教生活的基本形式》。通过这样的阅读，涂尔干的思想要素才变成了我自己的理论敏锐的一个组成部分。一名社会现实的研究者，没有相应的理论敏锐就什么也不可能发现。在我们能够极目远眺之前，我们首先要能站到前辈的肩上。

第三篇文章虽然以马林诺夫斯基的民族志实践为主题，但是它的核心考量是如何可能系统且客观地把握那些被称作"习俗"的东西。韦伯把社会行动划分成四个基本类型：目的理性的、价值理性的、情感的及传统的。其中，传统的社会行动就是那些在日常生活中习得的，并由根深蒂固的习惯所确立的行动。这些传统的社会行动也可以被称作"习俗"。我不同意韦伯对社会行动的类型划分，因为没有习俗性的社会行动作为基础，那些目的理性或价值理性的社会行动是不可能发生的。也就是说，习俗性的社会行动是一切其他社会行动的基础（或者说底层结构）。人们的社会行动首先不是类型化的，而是层化的。在最明显的社会行动的下面始终存在着那些被视作"想当然"的东西。就像是成年人有理性的社会行动总是以儿童期养成的习惯为基础，现代人的社会行动也并不是一脚踢开了传统的习俗，而是建立在传统习俗之上的（这是一种用建筑做类比的，虽有启发性，但不是准确的说法）。因此，要把握和理解"理性的"或"现代的"，或"系统的"社会行动就不能不首先去把握那些被称作"习俗的"东西。我认为民族志方法论和民族志方法可能是帮助我们系统且客观地再现习俗性社会行动的最佳路径。当然，我之所以会将马氏的实践作为主题，是因为他更注重细节的描写和事实的呈现，从而有可能把对习俗性社会行动的把握建立在"精细的描写"（这既是一个方法论的主张，也是一整套的方法工具）之上。

《处境定义与框架分析》一文是我个人思考的起点，包含了一些个人的创作性冲动。这篇文章以戈夫曼的框架分析为主要内容，但是它首先奠定在对"处境"概念的一般理解之上。我在文章中写道："一般而言，处境是社会行动者以自身的意图，通过符号性和工具性的实践活动，区划出的一个行动得以发生的世界，即一个特定的时空条件。"这里我想对这个定义多说几句。首先，在这个定义中，我谈论的是社会行动者。这里的社会行动者不是我们通常设想的个体行动者或韦伯意义上的行动者，而是多重的行动者，比如一个家庭、一个组织、一个社区，甚至一个国家或地区。它们可能是具有不同类型、不同特性的行动者。它们都是实在的，只要它们是一定处境之中的能动要素；它们也是分析的，因为它们作为行动者的特性，以及它们作为社会行动者的处境都需要我们在理论上构建出来。此外，社会行动者并不是单数的，而是复数的，所以社会行动者的意图，以及它们的符号性和工具性的行动也就都是复数的，是互相交织和互相影响的。其次，我特别想强调处境本身的客观性，即它的现实性。一方面，处境虽然是社会行动者的行动产物；另一方面，社会行动者总是在一定的文化、历史和社会的基础上去构造它们的处境，并且它们改变自身处境的能力和可能又总是受既有条件的限制。最后，我认为处在现实处境中的行动者，总是用它们自身对处境的认识来引导自身的行动，以改变处境本身。而这篇文章只是从非常有限的一点，去探讨何种方法可能去揭示个体行动者用来定义它们的处境的潜在意识结构。戈夫曼的重要性恰恰就在于他指出个体行动者在他们的具体处境中，不是随意地或完全受偶然性制约地界定他们的处境，而是有其潜在的意识结构——文化、历史和社会的产物——它正是我们的研究所需要揭示的东西。当然，这篇文章发出之后，我就意识到其中包含了一些基本的错误。一个错误是"处境"的概念始终不能摆脱它的唯心论倾向。这一点我们暂时放下，后面还会谈到。另一个重大的错误是我在这篇文章中把戈夫曼的框架同皮亚杰的图式混在了一起，没能认识到它们是同样在处境定义中起作用的，是两个既有联系又根本不同的事物。戈夫曼的框架是以自我感受为中心的情感性的东西；皮亚杰的图式是以利益为中心的计算性的东西。这两个社会产物都是潜在的意识结构；它们在个体行动者的具体处境中联合起来，同时发生作用；但它们仍旧是理论上的不同事物，需要区别开来，予以不同的研究。对这两个事物的研究似乎还没有真正开始。

最后一篇论文是关于"身体技艺"的。写这篇文章时，我有两个考量。一个考量是，我始终对从前论文中的唯心论倾向不满意，不能放心地把社会行动交给行动者的意图和意识，在研究行动者的努力和付出时，只看到精神的作用。另一个考量是，我认为莫斯的"身体技艺"的概念是让我们有机会把唯物的东西重新引入社会行动的研究的有利切入点（当时可能把它当作了唯一的切入点）。如果说社会学的研究对象是社会行动，那么社会行动怎么可能缺少行动者的身体这个要素呢？这里我说的是那个能够实际地推动整个社会前行，那个劳动着，战争着，游戏着，表演着的，即实际地改变着行动者的客观处境的身体要素。这个要素首先是身体技术——一个被大多数社会学研究者忽略的基本行动要素。在这篇文章中，我尽量梳理了与身体技术有关的经典理论，并试着提出研究身体技艺的方法论。现在回头看来，这篇文章既有有价值的一面，也有忽略的东西。其中，最重要的还是我缺乏对社会行动者身体要素的全面认识。比如说，我忽略了劳动力和身体技术是行动的身体要素中两个相关但又不同的东西；我也忽略了身体要素同情感的内在联系；特别地，我仍旧把意识的东西凌驾于身体的东西之上，没有看到身体要素在行动中的基础性和全面性。虽然我对行动中的身体要素有了一点新的想法，但是这些新想法还是相当空泛的，需要一个较长的时间才能发酵和成形。

二　反思

现在，我想谈一点对自己过去研究的反思。课题的完成让我有机会停下来去认真地思考一下过去在脑海中曾经闪现过，却没来得及认真考察的东西，也有机会去认真地阅读一些东西。已经忘记了由于怎样一种具体的情形，我遇到了阿尔都塞（可能是皮亚杰的《结构主义》一书把我引向了对阿尔都塞作品的阅读）。过去，我曾经读到过一些阿尔都塞的东西，如他的《读〈资本论〉》，也间接地读过其他社会学家（特别是社会理论家）对阿尔都塞的间接介绍。但都是止于皮毛的了解，知道有这么一个人，知道他发明了一种叫作结构主义的马克思主义的学说。仅此而已。阿尔都塞在国外是 20 世纪六七十年代的潮流，在国内则是 20 世纪 90 年代中后期至 2000 年初的时尚。当下，阿尔都塞早已过时了（不是说没有人去研究他了，事实上，他的中文翻译更充分了，但是他的学说成了止于少数专家的专业领域）。学术研究许多时候同时尚的流行非常相似，研究者的课题常常被一波又一波的学术时尚推动着，追在一个又一个学界明星的后面，生怕自己落在了后面或外面。多说一句，社会学的研究更是如此。比如说，帕森斯是现代社会学理论的奠基人之一。可是帕森斯对于 20 世纪 80 年代开始恢复重建的社会学来说，早已是过时的东西，对于今天的社会学界更是如此。所以帕森斯的著作等在国内翻译是较少的，对他的学说的介绍也是很少的。韦伯也一样。他的书已经有了大量中译本。不过，他的学说在实际的研究者看来更像是被供起来的东西，而不是研究的基础和工具。回到阿尔都塞，他虽然过时了，但我同他遭遇了，特别是同他的身后著作《马基雅维利与我们》(*Machiavelli and Us*) 遭遇了。这是一本在手边沉睡了很久而没有打开的书。马基雅维利是我最欣赏的作家之一，从读他的《君主论》开始就一直把他当作自己的老师（插一句，我认为马基雅维利是现代社会科学的第一位奠基者）。我读过一些西方介绍马基雅维利的著作，但是似乎没有想到过要去认真地阅读一下这本手边的书。为什么？说不清。也许，当一位英雄过时以后，他所遗留下的东西就自然地有了一种陈腐的气味，让人不由自主地去厌弃、去回避。然而，我毕竟同阿尔都塞遭遇了。偶然蕴含着必然。阿尔都塞说，《君主论》抓住了它的读者；我要说，《马基雅维利与我们》也抓住了它的读者。抓住我的主要有两点。第一点是，阿氏认为马基雅维利是西方历史上最伟大的唯物论哲学家；第二点是，阿氏说马基雅维利是第一个关于局势的理论家。这两点在我看来，对社会学的研究来说都是极为重要的。先说第一点。

　　前面我已经提到了，我对自己过去研究中最不满意的地方就在于它们始终被种种唯心的倾向影响着，也就是自己的研究不自觉地倒向唯心的一侧，被唯心的东西吸引，受唯心观念的引导。这点突出地表现在《处境定义与框架分析》那篇文章中。比如，当我指明处境总是客观的时候，并没有想到客观的依旧可以是唯心的。因为，在我们谈论处境时，我们总是不可避免地从行动者的地位和立场去谈论这个概念，所谓处境总是行动者置身于其中的东西，是行动者的处境。所以无论怎样辨析处境这个概念，它总是由行动者自身的地位、立场和视角决定的东西，或者是客观的，或者是主观的，但总是以行动者自身为基点的。这样一来，处境概念就总是唯心的。我自己受唯心观念的影响太深了，不自觉的；更多的时候，自以为自己是唯物的，但其实

11

是唯心的。在读阿尔都塞之前，我只是有模糊的感受；读了阿尔都塞之后，我开始认识到自己的研究始终被唯心的倾向左右着。我们的书本中到处都强调科学的客观性，但是极少有著作提到唯物同唯心的区别才是第一位的。尤其是我们的社会科学，它被种种唯心的观念占据着，浸透着。用阿尔都塞的说法，我在进行社会科学研究时，是一个不自觉的唯心论者。这是我的错吗？不过，当下要紧的不在于为这种错误找寻它的原因，而是如何可能从一个不自觉的唯心论者变成一个自觉的唯物论者。那么首先一个问题是，什么才是真正的、彻底的唯物论？这个问题是极难回答的，而且现成的答案也极少。特别是在我们当下的学术环境中，对此是鲜有人提问的（不否认有许多人表面地思考了它）。我不是说，我们没有这方面的思想资源，相反，这方面的思想资源还是非常丰富的，但它们都已被各种学术时尚挤到了最不起眼的角落，被封存了起来。在自然科学中，研究者也许可以有其不自觉的哲学，无论是唯心的，还是唯物的，它们本身可能对个别研究者的发现有着这样那样的影响，但是就一门成熟的自然科学学科来说，它的基础总是唯物的，因为所有自然科学的对象都是物。可是到了社会科学中，这点变得非常不一样了。我们的研究对象，总是研究者自身。由于我们只能借助镜子才能看到自己，所以我们就总是把镜子中的形象当作了自己本身，于是我们就很自然地受唯心倾向的引导。社会科学的研究要求我们首先是自觉的、彻底的唯物论者。这是我今后必须为之努力的一个方向。

另一个就是局势的概念。在中国的传统中，形势或局势是一个很平常的概念，但也极少有人对它们进行专门的讨论。比如，小说《三国演义》开篇就说，"天下大势，分久必合，合久必分"。这里的"大势"，似乎是不以人的意志为转移的必然，但也有人在其中活动的内容。当然，它也不可避免地含有神秘的成分。谁都知道有所谓的形势或局势，但谁也说不清那到底是个什么东西（最奇怪的是，甚至没有人去认真思考它。王夫之是其中少有的）。另一方面，在英文中，"situation" 这个词兼有处境和形势两个意思，虽然处境的概念在西方文化中更平常一些。当然，在英文中有 "conjuncture" 一词可以同汉语的 "情势"、"形势"、"时机" 或 "局势" 相对应，但它的基本意思是特定时期或特定情况下的综合因素和条件，同汉语中 "势" 的概念也不完全对应。如果检索一下社会科学的文献，我们在英文中能搜索到很多 "situation" 的文献，但 "conjuncture" 的文献就很少。特别由于种种心理学的影响，在社会科学中，处境或情境的概念（这是两个不同的概念，但是人们常常随意地对它们不做区别）被研究和使用的频率很高，于是它们成了我们去把握社会现实时自然的反应。然而，如果我们仔细地思考一下，就会发现 "conjunture" 比 "situation" 更具有唯物的性质，也更符合行动者所置身于其中的社会现实。所以当阿尔都塞指出，"马基雅维利是第一个关于局势的理论家" 时，局势的概念就不可避免地要替代我对处境概念的思考。关于局势概念，还有另一个长期影响我的理论资源，那就是法国历史学家布罗代尔关于三个不同历史时段的思考。布罗代尔把历史分成三个相对独立运动的时间跨度：人同周围环境的长时段，以群体或社会为核心的局势时段，以事件为中心的短时段。相较于这些西方学者对局势概念的思考，中国学者对它的思考是十分贫乏的。什么是局势？为何局势概念比社会系统、比处境这类概念更唯物，更适合作为社会学的基础概念？为何可以把局势而不是行动者的社会行动当作社会学探究的中心？这些问题成为我不得不去思考的。

当我去思考局势的概念时，就遇到了另外一个题中应有之义，即如何从自己的传统去把握社会现实。处身于现代社会学领域，作为中国学者，我们往往面临一种困境，即在这门现代学科中，我们完全找不到自己思考和探索的立足点。现代社会学（或者扩大地说，现代社会科学），是建立在西方古代文化的基础上，并伴随着西方现代文明

13

的兴起，而成为具有世界性的一门学科。可以说，这门学科的本体论、认识论和方法论都是建立在"西方的"传统之上，并且它关于研究对象的整个概念体系和方法体系，对于我们而言都是"舶来的"。这就造成了：（1）基于西方文化传统和西式文明的现代社会学同中国固有的文化传统及独特的社会现实之间的持续对峙；（2）生长于中国文化传统和学术传统之中的学者努力为自己移植来一个"西方"的脑袋，而这颗西方的脑袋又总是同自己的"心"格格不入；（3）因为抛却了自身的文化传统和思想传统，又不能完全融入到西方的传统和文明之中，我们的研究工作就总是二流的，没有原创性的，只是西方经验的补充物，甚或别人的资料库。我们抛弃了自己的文化和思想的根基，在用自己把握不住的别人的思想体系和理论体系，来探查自身独特的现实和未来的可能，这就是我们作为一个中国的社会学研究者的困境。我们必须走出这个困境。问题是怎样才能走出这个困境呢？除了在一个更高的层次上，用现代的方式老老实实地重新学习传统，让传统概念在新时代焕发生机之外，我们还有什么更好的路径吗？

我们处在一个最好的时代，处在一个最迫切的时代，处在一个机遇与挑战并存的时代，更处在一个无边喧嚷的时代，可这不正要求我们静一些，再静一些地去思考吗？静心地观察与思考，是我们在现时代的责任，至少我是这么想的。虽然未必会有所成就，可总能尽一点点心力。

埃利亚斯的"构形"概念

一 "构形"概念的三个层次

埃利亚斯是 20 世纪具有原创性贡献的社会学家之一（Bauman，1979；Coser，1980；Giddens，1992；Lasch，1985）。他的许多著作，如《文明的进程》《宫廷社会》《何谓社会学》等都已被列入社会学的当代经典之作（van Krieken，1998；Mennell，1998）。他的著作中有一个一以贯之的概念，就是"构形"（figuration）①。他不仅用这一概念来捕捉和分析经验现实，而且用这一概念来对抗帕森斯式的静态的"结构功能主义"（Elias，2000），以及"封闭人"（Elias，2001）的理论立场，并试图把它发展成一种新的范式（Elias，1978；Baur &

---

① 这一术语有许多中文译名，在《当代西方社会学理论》的《埃利亚斯》一文中，李康译作"构型"；台湾学者张敦为将其译作"形态"；林荣远在翻译《宫廷社会》一书时，也用"形态"一词；王佩莉、袁志英在译《文明的进程》一书时，直接把它意译成"机构"。笔者在早先的一篇文章中，在使用埃氏的这个概念时，援引了李康的译法。然而，笔者思之再三，觉得"构型"和"形态"两种译法都不甚妥当。首先，"形态"通常泛指非常一般的社会关系的结构方式，如奴隶社会形态或封建社会形态。它兼有一般性和结构性两层含义，所以不适合反映埃氏赋予"figuration"一词的具体性和变化性。同样，"型"在中文中有两个主要的意思，一是铸造器物的模子，二是事物的类型和样式，而这两个意思都同埃氏的想法不符。中文"形"字，有关系义，有做成义，有变化义，最能反映埃氏有关"figuration"一词的多种想象。所以"构形"一词似乎更能传递具体的人与人之间构成的、既有自身特性又不断变化的关系。

Ernst，2011）——"构形社会学"①。

许多学者已经介绍和批判过埃利亚斯的构形概念或他的构形社会学，并形成了相当对立的论争。有的把他的概念直接应用于经验工作（Van Vree，2002；Dunning，1992；Malerba，2014）；有的把埃氏塑造成一位吉登斯式的社会理论家或社会哲学家（Krartrp，1979；Sica，1984；Bogner，1986；Arnason，1987；Featherstone，1987；Wieviorka et al.，1998；Morrow，2009；Baur & Ernst，2011）；有的则一味地贬低埃氏的理论工作，认为它无甚价值，不过是自吹自擂（Coser，1980；Layder，1986；Robinson，1987）；有的一味地回护埃氏的理论立场，认为埃氏的构形社会学树立了社会学的新范式（Dunning & Mennell，1979；Dunning，2013，1992；Van Krieken，1998）。笔者认为，围绕埃氏构形概念而来的种种论争的根由，是这些论争都没能清楚地辨析埃氏构形概念的三个层次，从而以偏概全，挂一漏万，因而既不利于这一概念本身的推广应用，也不利于这一概念本身的完善创新。因此，笔者从社会学分析的立场出发，试图：（1）清楚地辨析埃氏构形概念的三个层次，即具有理论洞察力的经验工具、具有理论想象力的一般模型工具，以及富有启发性的观点；（2）从经验分析的角度，指出埃氏构形概念的长处和不足，以期能更有效地将这一概念用于实际的社会学分析事业。

（一）构形作为经验对象

同帕森斯式的社会系统概念不同，埃氏的构形概念首先不是一个抽象的理论设想，而是一个同历史、社会现实紧密结合在一起的具体的经验对象。埃氏终其一生都在进行这样或那样的经验研究，在这些

---

① 埃利亚斯虽然在《何谓社会学》一书中，试图把"构形"作为他的整个社会学的中心概念，但并没有使用"构形社会学"一词。"构形社会学"一词来自他的两名学生敦宁（Eric Dunning）和曼奈尔（Stephen Mennell）（Dunning & Mennell，1979）。

经验研究中具体的构形始终是他着力予以考察的东西。例如，在《文明的进程》（埃利亚斯，2013）和《宫廷社会》（埃利亚斯，2020）中，他以法国国家和君主制形成过程中的宫廷－贵族构形为主要考察对象；在《定居者和外来者》（Elias & Scotson，1994）一书中，他又考察了英国西米德兰兹郡郊区的工人阶级居住区内部的声望和权力构形，即八十年前的先到者和二十年前的后来者围绕移民和排斥、控制和失范、群体克里斯玛和地位等级、联合和流言所展现出来的合作和冲突的关系样式；在《海军职业的起源研究》（Elias，1950）一文中，埃氏又考察了英国历史上绅士和水手，以及其他社会阶层围绕海军舰船控制权的争夺形成的构形，以及这一构形如何促进了海军的职业化发展。埃氏的类似研究还有很多（Elias，1987，2013，1994），在此就不多做展开。根据本文的需要，我们把宫廷社会[①]这一构形作为考察的对象，来呈现埃氏经验构形的特征。

埃氏在《宫廷社会》一书的"导论"中写道："旧制度中，君王（或王公）的宫廷，以及与此相伴的社会样式是社会学研究的丰富领域。"（Elias，1983：1）那么这是一个怎样的经验对象呢？

1. 居住在一起

首先从日常经验的角度来看，宫廷是同曹雪芹笔下的贾府非常相似的东西，是一群不同地位的人居住（dwellings）在一起的空间。用埃氏自己的语言来说，旧制度的宫廷在一开始"不过是一座非常大的房子，其中居住着法国国王和附庸者的家庭，还有许许多多受其役使

---

① 埃氏在 1933 年用德文撰写了《宫廷社会》，但似乎没有引起任何实质性的讨论。后来，他在 1939 年完成了 Über den Proze der Zivilisation（《文明的进程》）。两本书的核心内容都涉及对"宫廷社会"的现实的构建和理解，但是各有其不同的侧重点。在前一本书中，埃氏以法国国王路易十四的宫廷为原型，注重讨论宫廷社会的统治运作。在后一本书中，他并没有花很大的笔墨在宫廷社会本身，而是把注意力转移到宫廷社会所塑造的习惯（habitus），以及作为宫廷社会发生和发展背景的西方的国家形成过程。本文在写作埃氏对宫廷社会的经验分析中，同时参考了 The Court Society（Elias，1983）和 The Civilizing Process：Sociogenetic and Psychogenetic Investigations（Elias，2000）。

的人"（Elias, 1983：41）。具体而言，这可以指凡尔赛宫，或任何欧洲大小王室或公侯的宫殿。它们首先是欧洲封建状态下大土地所有者的家宅，即领主的家宅。不过这个家宅居住的不仅仅是领主本人及其子女的家庭，还包含他的附庸、骑士、秘书人员、行吟诗人、仆役等依赖领主的人和属于领主的人。

2. 以私家面目出现的财政机构和行政机构

在宫廷发展的早期，它既是大领主管理自己的家族和家庭收支的地方，又是大领主管理自己的领地的财政收支和进行行政安排的地方。它既是一个家庭生活和娱乐的地方，又是一个办公的场所，甚至是一个处理外交（同其他领主的关系）事务的场所。宫廷发展的顶点是法国国王路易十四的宫廷。在这个宫廷中，整个王室家族的巨大开支都成为王国开支清单中的一个项目；同时，路易十四试图把整个国家当作他的私人产业，即作为其家庭的扩展，来组织管理。所以，对法国国王或其他君主而言，宫廷是他们活动的首要中心，以及整个经验世界的来源。

3. 国王与贵族的和平斗争与统治依赖

在法国宫廷社会中，最引人注目的莫过于国王、王后、王室继承人、王室的其他成员、武士贵族、穿袍贵族、贵族夫人，以及平民大臣，乃至亲随、仆役等形成的种种势力和各种势力间复杂的权力竞赛。

首先，法国宫廷是以法国国王为代表的王室家族的宫廷，所以法国国王必须成为宫廷的首要势力，必须成为整个宫廷活动的主要动力来源，必须成为整个宫廷权力竞赛的起点和终点。从亨利四世到路易十四，波旁王朝的君主们都试图利用他们手中不断增加的财富，以及勋爵的授予权和职位的授予权，来压制、分化那些既存的和潜在的威胁波旁王朝统治的个别贵族势力或贵族势力的联盟。路易十四对波旁王朝的首要贡献之一就在于，他把那些既有的和潜在的能够挑战王族统治的、能够挑战其个人统治的最有势力的贵族都集中在自己身边，让他们的私人生活和公共生活不仅围绕着自己的指挥棒转，还暴露于自己的监督之下（凡尔赛宫的扩建，以及法国宫廷典范之树立似乎都不是其个体的兴致，而是更可能出于他个人政治战略的考量）。他还通过爵位授予、职位安排、职事安排以及地位裁断，大大强化和巩固了宫廷之中武士贵族、高等法官和高级行政官员之间的地位区别和声望竞争，以及这些潜在挑战王权势力的精英内部之间的地位分化和地位竞争。即使路易十四不是宫廷礼仪、教养和品位的发起者，他无疑也是宫廷礼仪、教养和品位的最大助推者；至少，他把法兰西的王权、他作为"太阳王"的个人声威同繁复华丽的宫廷礼仪、深厚的文学修养、细腻的艺术品位牢牢地结合在一起。

武士贵族既是王朝的统治基础，也是王室家族最大的对手和威胁。但是，随着武士贵族在军事上的削弱，以及经济上的破产，他们日益依赖宫廷的经济赏赐和官职授予来维护自己显贵的地位。在宫廷之中，一方面，他们的荣誉和利益要求他们时刻作为王室家族的对手，以及君主专制的反对者而存在；另一方面，他们不断削弱的军事的、经济的和政治的力量又迫使他们只能通过驯服来赢得王室的恩宠，继而维持作为其地位象征的声望消费。

新兴的资产阶级通过购买爵位而成为贵族的一员。他们拥有财富，却缺少传统的领地和显赫的家族声望，因此他们必须通过王室的提携，才能抵抗武士贵族对他们的排斥和轻蔑，而王室也因为他们缺乏传统，乐意把他们当作臂膀来压制武士贵族的不逊。

宫廷之中除了有贵族地位的等级竞争，还存在着荣宠的位置竞争。这些位置不取决于他们的勋爵和他们在公开礼仪中的位次，而取决于他们同国王本人的空间距离和交往频次，取决于他们影响国王获得信息和做出决策的能力，甚至取决于他们掌握国王和王室秘密的程度。

4. 情感调节和行为控制是宫廷内地位竞争的主要手段

依照埃氏的看法，在大领主的宫廷中，一大群人，包括男性，不仅生活在一起，还在中心人物的眼皮下依照一定等级结构发生经常性的密切往来。这就给所有依附者以一定的限制。同时，这里从事的是大量非战争的管理工作和教士工作。所有这些都造成了更加平和的氛围。所以，当男性被迫放弃身体暴力时，女性的重要性随之增加。在大的封建宫廷中，男女共同生活的氛围形成了，他们共同的社会生活开始了。此外，大宫廷的财富为宫廷女性填补其闲暇、追求奢华提供了可能。她们可以吸引诗人、歌者和有教养的教士。正是围绕着这些宫廷女性，第一个和平的智力活动圈建立起来了。在这种智力活动圈中，诗人和歌者为领主和尊贵的妇人唱赞歌，用他们的语言来表达领主的利益和政治观点，以及宫廷女性的品位和优美。于是，宫廷抒情诗的写作与奉献逐渐成为一种稳固的社会制度。

与此同时，大的封建宫廷中出现了更加严格的行为规范，以及与之相应的情感调节和行为控制。在大领主的宫廷中，处于较高地位的女性，由于具有一定程度的自由，比同等地位的男性更容易控制、升华和成功地转化她们的情感。相应的，当社会地位低、处于依附地位的男性面对高等级的女性时，他们也会限制、压制和转化自身的冲动。其发展结果是，大的封建宫廷中出现了更加严格的行为规范，以及与之相应的情感调节和行为控制。

这些标准的行为方式和行为规范被称为"宫廷优雅"。宫廷优雅无疑是骑士宫廷上层的社会依附者首先发展出来的。根据下层武士的习惯准则，他们付出很大的努力去控制自身的情感和驱力，以此向宫廷女性表示恭敬。宫廷优雅实际上朝西方现代的情感和情绪模式前进了一步，也向文明的方向前进了一步。

5. 宫廷构形是一个变化的过程

虽然，可能存在着宫廷构形的典型，比如法国国王的宫廷，甚至是路易十四的宫廷，但是在埃氏看来，宫廷社会作为构形最重要的特征莫过于它始终的变化性。许多大领主的简单的宫廷最终被少数国王的较大且更复杂的宫廷所取代；国王对其他有竞争力的对手的胜利并非一蹴而就的，时有叛乱发生，即使是在一任国王内，他和他的家族对其他大贵族的权力也像"跷跷板"一样，处于不断倾斜和再平衡的过程中。武士贵族作为一个相对一致的集团，逐渐分化成不同的声望等级、财富等级乃至修养等级，他们之间的相互竞争和排斥甚于他们之间的联合。由资产阶级上升来的贵族不断增加，这不仅有声望的上升，还有财富的上升，特别是在国王那里取得有权力的职位和有利益的职位的可能性也不断增加。女性在整个宫廷权力竞赛中所扮演的角色日益重要，有时甚至是关键性的。在宫廷构形中，不仅人与人之间的权力关系在不断变化，而且情感调节的模式和行为控制的标准也处于变化之中，从外在的要求变为心理的结构，或者说由简单的行为结构变成复杂的行为－身体－心理的联合结构。

此外，宫廷构形的变化离不开更大的国家形成过程。封建大领主的分封逐渐让位于王权对武装力量的垄断控制，以及对税收来源的垄断控制。王权通过大大小小的战争，以及其他的手段，逐渐取得对武士贵族分离势力的胜利，逐渐取得内部的和平。与此同时，市镇的兴起促成了职业的进一步分化，带动了旧市场的复兴和新市场的建立。内部的膨胀，以及移民和殖民活动同时使得财产活跃起来。它们唤起了新的需求。长途贸易重新开始发展。劳动分工、市场交换和长途贸易共同激发了具有流动性的统一交换工具的发展。这种交换工具就是货币。货币使用的增多促进人口的增长、工作的分化、交通和贸易的发展，以及市镇的增加及其规模的扩大。

（二）构形作为模型工具

在埃氏那里，构形也是用于分析历史－社会现实的模型构建工具。埃氏的"游戏模型"就是一个用来对一般社会过程进行分析式描述的工具。埃氏认为，游戏模型相当于思想实验，意在更深入地理解"人的目标和行动的交织"（Elias，1978：68）。构形很像一系列竞赛游戏，如国际象棋、桥牌或足球等。所以，这些模型被统称游戏模型。在这些模型中，两个或多个人群调动自身的力量试图战胜对方，也就是企图改变双方的权力比。

埃氏给出了原始竞争、双人游戏、单水平的多人游戏、多水平的多人游戏、双层寡头游戏、双层民主游戏等共 6 种模型。下面我们分别予以简要介绍。

1. 原始竞争

在埃氏的思想实验中，原始竞争是唯一没有规范的交织过程。模型设定了：在一片广阔的森林里，两个小部落 A 和 B，为了争夺有限的食物资源，为了各自的生存和繁衍，利用各自的力量和特长，展开了长期的生死斗争。

首先，需要注意的是，这是一种"你死我活"的冲突。双方都试图通过自己的身体力量，求得生命安全，并消灭对方的肉体存在。在这种情况下，双方的行动缺乏共同的行动规范作为导向工具（means of orientation），也就是双方的力量不能整合在一起，以求共同生存。此外，埃氏指出，斗争双方可能有着各自的优势。比如，部落 A 的人可能身材高大、强壮，善于战斗和抢夺，而部落 B 的人可能身体小巧、灵活，善于偷取和欺诈。无论双方各自有何种优势，这些优势都构成了他们各自的权力资源。由于没有任何一方能够取得绝对优势，这就变成了一场长期的拉锯战。

其次，应当注意到，即便是在这种生死斗争中仍然存在着功能互赖。在这种处境下，双方的功能互赖有两个方面。一是行动、计划和目标的互相依赖。简单地说，部落 A 的行动必将引起部落 B 的报复，而部落 B 的反应也必将引起部落 A 的新反应。所以，部落 A 在判定自己行动的目标和方案时,不能不考虑部落 B 对自己的行动所可能采取的措施;反之亦然。二是情感上的互相依赖。长期生死斗争使得双方都对对方抱有持续的敌意。在埃氏看来,双方的恨意就像双方的友谊和联盟一样,都是一种功能关系。它将双方锁定在斗争交往中。用比较现代的术语来说,双方的恨意也是一种"集体意向"(collective intentionality)。

因此,埃氏认为,原始竞争描述了一种特殊的构形。在构形中,不能孤立地考察任何一方的行动序列,必须用"双方相互依赖的内在动力机制"(Elias,1978:75)来理解和解释双方的行动序列。

2. 双人游戏

这个模型中有两个游戏玩家。然而,在该模型中,双方的权力比是不对等的,其中一方拥有对另一方的权力。比如,玩家 A 对玩家 B 有很大的优势。也就说,玩家 A 在很大程度上拥有控制玩家 B 行事的能力(不过,这并不意味着 A 迫使 B 行事的能力是无限的)。在这一构形中,A 不仅能够控制 B 的行事,其在相当程度上还能够控制整个游戏的进程。

3. 单水平的多人游戏

埃氏把单水平的多人游戏分成了三种情形。第一种情形是有少量玩家,比如四个玩家,其中玩家 A 相对于玩家 B、C、D 而言,具有相当的优势。如果游戏是分离的,那么 A 在同 B、C、D 各自的游戏中都将拥有优势,从而既能决定对手的行事,也能决定游戏的进程。在每个分离游戏中,由于权力的分布是相当不均衡的,这就使得游戏本身缺乏弹性,且变得相当稳定。不过随着分离游戏的增多,A 本身的优势也会减少。

第二种情形是拥有单独优势的 A 同 B、C、D 的联盟进行游戏。这时,游戏本身的控制权,将取决于 B、C、D 联盟内部的紧张关系。联盟内部越能够团结一致、合作共利,联盟同优势者 A 的权力差异越小，游戏越是被双方的行事共同影响。与第一种情形相比，这是一种真正的多人游戏。

第三种情形是多个玩家分作两组联盟的游戏。当游戏遵从一定规则，两组联盟拥有相似的力量，并有同等机会取胜时，人们就会在他们的行事交织中发现某种次序。在这一有序的构形中，任何一方的行事都不能通过他们自己的行事目标和计划来理解，而必须从构形的方式或双方行事的交织方式来理解。

4. 多水平的多人游戏

埃氏指出，在单一水平上，随着参与者的人数变得越来越多，多人的游戏构形有迫使参与者重新形成结构和组织的趋势。当参与者众多时，任何一个游戏者，无论其权力优势多么显著，都会丧失对整个游戏进程和构形图景的感知，从而导致自己既不能控制游戏未来进行的方向，也不能控制游戏的实际进程。由于参与者缺乏对整个游戏进程和构形的认识，所以没有参与者能够根据自己在游戏总体中的位置，合适且正确地行事，这可能进一步导致游戏的退化。比如，游戏本身失去组织，变得混乱甚而解体。游戏构形整体面临的紧张和危机会导致游戏参与者的分裂，或游戏构形本身的分化。埃氏指出，游戏构形的分裂有三个可能的方向：一是游戏分裂成多个独立的、分离的单水平的多人游戏；二是游戏发展成多个群体之间的单水平游戏；三是单水平游戏演化成多个层次上的游戏。

5. 双层寡头游戏

双层寡头游戏存在着人数和权力非常不对等的两个游戏层次。上层是人数较少的精英层，他们由大众的代表、群众的领袖、政府成员、王室宫廷成员或垄断精英组成，总体上占有相当大的权力优势，并通过他们之间的游戏，共同控制着整个游戏。下层由普通大众构成，他们之间由于缺乏组织，只能占有少量的权力机会。由于上层人数少，又存在着权力垄断，所以上层中的优势者会认为他们能够清楚地认识到整个游戏的进程和构形。然而，实际上，由于双层游戏本身的复杂性，任何有关游戏具有透明性的认识最终都只是幻觉。随着游戏的发展，上层参与者最终会认识到他们缺乏游戏的整体知识。因此，在双层游戏中，任一行动者，无论其拥有多大优势，也不可能依照自己的目标和希望去引导游戏的方向。

6. 双层民主游戏

随着下层大众组织能力的增长，下层和上层之间的权力差距会逐渐缩小。这时，上层游戏会逐渐向底层大众开放，与此同时，上层游戏者也会变得越来越功能化（向着大众代表的方向发展）。此外，上层和下层间权力差距的减少还会导致游戏构形本身的分化，即权力资源和权力机会的分化。总体而言，上层和下层权力差距的减少，会导致权力机会在各个体之间的扩散。这种权力机会的扩散就构成了民主化的过程。权力机会的民主化会使得整个游戏朝两个方向发展。一个方向是，游戏构形中的每个个体都具有影响游戏进程的机会。另一个方向是，任何个体，无论其有多少权力优势，都不可能认识游戏的整体构形，也不肯影响游戏的进程，而游戏本身越来越具有超人的性质。游戏中，个体和群体一方面相互依赖，另一方面又存在着紧张和冲突。这时，只有通过对游戏整体构形的科学考察，才能为游戏的进程确定发展方向。

（三）构形作为社会学之观

"观"是熊彼特的一个概念，但更重要的是它反映了一个更高的、独特的认知层次。熊彼特指出："在科学的进展中，最显著的成就并不来自观察或实验，也非得自有序的逻辑分解，而是源于某些最好称之为'观'的东西，它类似于艺术家的创造才能……在每一项科学的冒险事业中，（研究的）事物首先来自'观'。这就是说，在投身于某个对象的分析工作之前，我们必须首先选出一组我们想要考察的现象，从而获得某个'直觉性的'预先的观念——这一观念将指导我们，把各种现象集中起来，或者，从我们的立场看，它构成了诸现象中具有基本属性的东西……（'观'）是前分析的认知活动……（它）为分析努力提供原材料。"（转引自 Smith，2001）

构形概念还包含埃氏的一般社会学的"观"。正是在"观"这一认知层次上，埃氏把自己视为古典社会学大师的继承者和新的"发展"社会学的创始者；也正是在这个层次上，埃氏激烈地批评帕森斯式的静态的结构－功能主义，同时还竭力反对一切基于"封闭的人"预设的理论；同样是在这个层次上，埃氏试图开创一个"构形社会学"范式，用自己的"构形主义"来消解韦伯的个体主义和涂尔干的整体主义。当然，也是在这个层次上，埃氏的构形概念遭到了最激烈的和最否定的批评。为了更准确地评估埃氏的构形概念，下面就让我们梳理一下埃氏的"构形观"的主要内容。

1. 构形＝个体的社会

在埃氏的眼中，许多社会学家，特别是以帕森斯为代表的社会学家，犯的最大错误在于，他们把个体和社会当作两个不同的实体。埃氏写道："帕森斯采纳了一种观念，该观念先由涂尔干予以发展，即认为，'个体'和'社会'之间的关系是一种互渗的关系，一个是个体系统，另一个是社会系统。然而，这一'互渗'的设想，所做的比拟，无非是先想象有两个不同且独立存在的实体，在想象它们之间的'互渗'。"（Elias，2000：456）他认为无论是把社会当作一个支配个体生活的有机整体的社会实体观，还是把个体看作比个体间的组合和变化更真实的方法论个体主义，都是不正确的。

在埃氏看来，只谈论"个体"或只谈论"社会"都是由日常语言的使用带来的错误想象，就如同人们说"风在吹"一样，好像真的有一个能够鼓动气流的风存在。但是，实际上并不是这样。埃氏认为，"个体"和"社会"无非是人类的一体两面，既没有不在具体社会中的抽象个体，也没有不由现实个体组成的抽象社会。社会学的起点既不是实体化的社会，也不是实体化的个体，而是个体的社会，即"每一个人，看上去好像互不相识的陌生人，好像街上擦肩而过的独立个体，实际上都被各种无形的链锁联系在一起，这些链锁既包含工作的，也有财产的，以及本能的和情感的"（Elias，2001：14）。这些链锁把看上去是个体的人，有独立意志的人，组成了一个由简单到复杂、由不分化到高度分化、由小规模到大范围、不断变化和发展的人类联合的功能网络。当我们不被抽象的个体和抽象的社会困扰时，我们就会看到现实的、具体的人与人的"交织"。

2. 交织的概念

埃氏认为，人的构形是普遍存在的。家庭和学校、大学和城镇、市场和国家，都是一种具体的构形。作为构形，它们反映了人类相互交往的具体方式。这种具体的人的相互交往和看不见的联系就是交织（interweaving）。[①]

交织的概念有两个基本内容：一是依赖，二是斗争。

交织首先是指人与人的相互需要。人不可能单独存在，单独生活。他们只有通过相互依存，形成群体关系，通过劳动分工，形成协作关系，才能克服自然和其他人群的驱迫，才能获得生存和延续。因此，基于生存和延续的相互需要，人们形成了各种具体的依赖关系。儿童在家庭中成长，成人组织起来捕猎和采食，部落团结在一起抵御外敌。因此，根本不存在单个的人。人总是指基于生存依赖而结合起来的一群人。

人与人之间不仅有相互需要，还有相互斗争。[②] 无论是人群之间

---

① 许多时候，他也把交往中的人的关系称作互赖（interdependence），或功能互赖。但是，我们认为，交织是一个更能反映埃利亚斯理论特征的术语，也不容易引起歧义。
② 对斗争的强调是埃利亚斯理论的一个重要特征，反映了他同马克思的阶级斗争理论（Powell，2013）及齐美尔的冲突理论（Waizbort，2013）的继承关系。

的斗争，还是人群内部的斗争，都是人与人之间关系的一个基本面向。人与人的斗争既有生存竞争的原因，又有荣誉竞争的原因。如同普里查德（2002）描写的努尔人对丁卡人的袭击，以及努尔人内部社区之间的"世仇"。埃利亚斯认为，人的社会斗争是多方面的（Elias & Scotson，1994）。人与人的斗争既可能表现为阶级（贵族、资产阶级和农奴）的斗争，也可能是族群和文化的斗争，或是本地人和外来者的斗争，或是女性和男性的斗争。

因此，埃利亚斯指出，行动交织起来的人既相互依赖，也相互斗争。依赖和斗争同时存在于人的构形之中。通过批评一些社会学和人类学的功能概念的应用，埃利亚斯阐明了依赖和斗争的辩证关系。埃氏认为，以"结构－功能"论为代表的功能概念，"不仅是根据对主题的不恰当分析，还包含有不适当的价值判断"（Elias，1978：72）。有些理论家无意识地把功能等同于"社会的一部分的表现有'利'于'整体'"（Elias，1978：72）。如果社会一部分人的行为有利于社会系统的维续和整合，那么他们就表现了"正功能"；那些没有满足系统要求或破坏系统整合的人类活动，就被标识为"反功能"。埃氏认为，这种功能概念将社会信念混入了科学理论。埃氏指出，即使是两个交战的部落群体，作为各自的敌人，他们也都表现出了对对方的功能。因为，交战双方中每一方的行动和计划都是以他们对对方的功能（A 方和 B 方相互之间的打击和限制）为基础的。因此，不仅在互相依赖的人群中存在功能，在相互斗争的人群间同样存在功能。功能的概念既有依赖的一面，也有斗争的一面；既包括人们行动的一致性、劳动分工和职业专门化，也包括人们对他人的共同敌意或他们之间的憎与恨。正像埃氏所指出的那样，功能概念标明了身处依赖和斗争中的人相互之间的行动取向和行动限制，即"在理解功能 A 对 B 的行为时，不考虑功能 B 对 A 的行为，我们的理解就是不完全的"（Elias，1978：73）。

3. 权力的概念

埃氏的构形观的另一个重要的概念是权力。[①] 如果说人与人的交织是构形中人与人之间功能关系的体现，那么权力反映的就是构形中的结构关系。埃氏认为，权力反映了构形中双方或多方的相对力量。用埃氏自己的话说，"权力总是由控制和依赖的平衡关系所组成"（Elias，2008）。比如，一对相恋的爱人，各自对对方的依恋构成了对方的权力。较少爱对方的人反而有更大的权力。人与人的权力关系就好似两个玩"跷跷板"的儿童，他们各自的力量和技巧共同决定了"跷跷板"的高低起伏和相对平衡。

对于埃氏而言，即便是奴隶主和奴隶的关系，也不是奴隶主对奴隶的单向权力关系，奴隶也拥有对奴隶主的权力，因为后者同样需要依赖前者。所以，只有在极端条件下，才能谈到权力的总体优势（total superiority）。通常情况下，权力总是意味着"力量的相对优势"，也就是"权力比"（power ratio）。

像依赖和斗争存在于所有的构形中一样，权力关系是"所有人类关系的基本属性"（Elias，1978：9）。哪里有构形，哪里就有权力比。无论是在相对简单的夫妻关系中，还是在包含多种类型成员的社区和组织中，抑或由大众组成的城市或国家中，到处都存在着权力的"跷跷板"。

构形中的权力比是不稳定的。因为，权力比的改变不仅始终是身处构形中的双方或多方相互取向的目标，而且每一方的行动都可能改变上一次行动所形成的权力的暂时平衡。

埃氏认为，就现代民族国家而言，人群之间的权力比有四个明显的变化趋势。一是政府和大众之间的权力差距有缩小的趋势。这既反映在选举权的制度性扩展上，也反映在政党政治的兴起上。两者都使

---

① 埃氏的权力斗争的概念似乎来源于他对韦伯思想的理解和综合（Arnason，1987）。

得现代大众有更多途径和机会来影响政府的政策和权力分配。二是不同社会阶层间的权力差距也有缩小的趋势。工业社会的一个重大成果是"功能的民主化",即随着社会的功能分化,以及与之对应的整合,不同群体间的权力差距呈现缩小的趋势,包括男性与女性,还有父母与子女。三是所有社会关系在方向上都转向更大程度上的相互和多极的依赖和控制。由于社会分化的发展,不同功能群体和分层群体间权力差距的缩小,群体间的依赖和控制变得愈加趋向相互性和多元性。四是随着权力链的日渐增长,随着权力关系变得更加模糊和不透明,社会科学和社会观念作为导向工具的作用也随之增加。由于每个人都被连接到了权力网络中,整个权力网络变得愈加复杂和不透明,实践中的人们为了使部分或整体的功能服从人们自我调整的需要,开始应用科学的方法来构建权力网络的模型。

埃氏认为,群体间权力平衡的改变源自权力手段或权力机会的占有。权力手段是多种多样的,它可能是身体性的。比如在原始状态下,A 部落的人比 B 部落的人更加强壮和有力,那么身体的强壮和有力就是 A 部落的权力手段;如果 B 部落的人比 A 部落的人更加灵活和敏捷,灵活和敏捷就是 B 部落的权力手段。不过,无论是 A 部落还是 B 部落,它们都把暴力作为自己的权力手段。在原始状态下,谁能更有效地用自己身体的力量限制他人身体力量的使用,谁在权力比上就会获得更大的份额。在封建社会中,土地是贵族、教会和国王的权力手段。谁拥有的土地越多,谁就会有更多的财富,就能吸引和雇用更多的武士和教士为自己服务,并在同其他土地占有者的竞争和斗争中取得更大的胜算。货币作为权力手段,在现代民族国家的崛起中扮演着重要角色。在封建社会中晚期,随着城市和贸易的发展,货币日益成为一种重要的权力手段,与此同时,全国货币赋税大量流入中央领主的金库。这就使得中央领主比地方贵族有更多的机会建立自己的武装、行政和税收管理体系,从而进一步实现暴力的垄断和税务的独占。在现代社会中，知识和意识形态成为重要的权力手段。就知识而言，宫廷社会培养的第一批知识女性在男女间权力差距的缩小方面迈出了一大步。意识形态则构成了现代政党政治的权力基础。

埃氏还认为，现代国家对权力的垄断和社会各部分的权力平衡是法律体系的基础（这点突出表明了埃氏同涂尔干学派的差异）。埃氏直言："在所有时代，法律形式都对应于一定的社会结构。将一般法律规范编纂成法典，使其成为工业社会的财产关系的组成部分，这就预先要求有一个很高程度的社会整合，以及中央政府的形成，从而能够有效地在整个地区推行同一部法律，并有充分的控制力迫使人们服从法律条文。在现代社会，人们已经不再能直接感受到支撑法律条款和财产要求的权力基础了。这种权力同个体相比，如此巨大，它的存在和它的威慑力似乎是自明的，以致很少被搁置。这也是为什么，多数人把法律看成某种自我说明的事物，好像它来自天国，代表绝对的'权利'，其运作无须权力结构的支持，或者说，可以不随权力结构的不同而有所变化。"（Elias，2000：233）

4. 过程

强调过程和变化，反对静止的均衡状态或静止状态的序列，可能是埃氏构形观最重要的特征。在埃利亚斯看来，构形同过程的观念是不能分割的。正是对于社会过程的持续考察，埃氏选择使用构形这样一个带有形式变化含义的概念，来把握人与人相互依赖和相互斗争的主要特征。同样，埃利亚斯之所以避免使用"系统"和"互动"这样的概念，也是因为许多社会学理论家在使用这两个概念时缺乏过程的观念。在批评帕森斯的系统概念时，埃氏写道："帕森斯的理论一开始就假设，每个社会都存在一个正常的不变的均衡状态，而且这一状态会自我平衡地保持着。他假设，仅当这个社会均衡的正常状态受到扰动时，比如，违背或破坏了既定的社会规范，社会一致受到了侵害时，社会才发生变化。如此一来，社会变迁显得好似源于偶然的和外在的变化所激发的某个正常且运行良好的社会系统的功能故障。"
（Elias，2000：456）

在评论"互动"概念时，埃氏认为这一概念虚设了两个或多个相互没有联系的个体，而个体间的交往和联系似乎是事后建立起来的。然而，在埃氏看来，从来也不存在静止的、没有变化的构形。构形始终意味着，相互交织在一起的人之间持续发生的变化。所以在埃氏看来，构形可以等同于过程。构形观念和过程观念的区别是：前者强调了人与人之间的关系，后者强调了关系的持续变化。然而，在现实的层面上，两者是统一的。

那么埃氏是如何具体把握构形的变化的呢？简单说来，埃氏认为，构形的变化，其实质是交织关系的变化，其动力是权力比的变化，其表现是相对位置的变化。我们可以用上文欧洲中世纪封建化的例子来阐明埃氏的想法。

首先，构形的变化是交织关系的变化。对埃氏而言，欧洲中世纪的封建化代表了与西罗马帝国的发展相反的进程。在封建化的初始阶段，封臣和领主的地位并不是固定的。他们不过是中央王权和国王的亲属和朋友，并作为中央的代表对地方行使司法和管理职能。他们之间虽然也存在着紧张和对峙，但是国君和封臣更需要团结起来应对外敌的入侵。然而，随着相对和平条件的出现，地方封臣对中央王权的依赖松弛了，经过几代人的努力逐渐成为相对独立的地方领主，成为地区的实际统治者。从长远的眼光来看，封建化早期阶段中央和地方、国君和封臣之间较高水平的军事、政治和行政的交织关系，逐渐坍塌和退化成一个个孤立的、以自足的土地经济为基础的地区存在。而文明的进程，在埃氏看来，无非是指人与人之间交织水平的提高、依赖和斗争链条的延长，以及社会功能分化的不断增加。

其次，构形变化的动力是权力比的变化。在封建化的早期，中央王权和国君经历了一个持续的权力衰减过程。在早期，中央王权和国君的权力主要体现在他们开疆拓土和抵御外敌的军事能力上，而他们的权力主要来自自身的武力和身边侍从的忠诚。随着相对和平条件的出现，国君的武力自然衰弱了，同时，军事行动的减少、采邑和封臣的增加也使得效忠变得更加形式化。相对于国君权力的缩减，地方封臣的权力却随着地方采邑的兼并、土地的开发、军事堡垒的建设、领主功能的实践，以及小封臣的设置而不断增加。随着地方封臣的离心势力超过中央王权的凝聚势力，中央和地方的整合关系就被各个地方的分离和孤立所取代。打破封建的孤立状态和离心趋势，需要中央王权权力的增长，发现新的权力手段，并以此重建中央和地方的关系。

最后，构形变化的表现是相对位置的变化。比如，在封建化的中后期，封建的骑士阶级本身分化了。随着人口的增加，相当一部分大领主和富有骑士的后代变成了上层骑士的"后备军"，成了不拥有土地，只能通过出卖自己的服务获得生存的底层骑士。这些底层骑士更多地成为富有骑士和大领主之间竞争和斗争的工具。另外，聚集在领主城堡和宅邸周边的工匠通过长期的流血斗争，逐渐在封建的采邑世界中建立起一个个相对独立的市镇，从而变成具有职业特征的市民阶级。

在埃氏看来，构形的长期变化表现出三种基本的过程模式（Elias，Van Krieken，& Dunning，1997）：第一种是反复和固化的模式，第二种是发展模式，第三种是并行模式。反复和固化是指，在一个构形过程中，由于权力平衡的不断转移而产生的时而依赖、时而斗争的关系样态，以及处于构形中的各类人（群）的地位的相对固化。构形长期变化的第二种模式是发展。用埃氏的术语表达，发展就是"非计划的定向变化"。当然，这种"定向变化"不意味着单向的历史"进步"。发展也可能是"退步"的。简单说来，埃氏认为，当人群的依赖和斗争水平提高、社会的功能分化增多时，社会就在"进步"；反之，当人群的交织水平降低、社会的功能分化缩减时，社会就在"退步"。

构形长期变化的第三种模式是并行。并行是指宏观社会发展过程同社会人格发展过程的相互影响和相互促进。比如，在西方，随着和平时期的发展，特别是宫廷社会的发展，人与人之间逐渐学会通过和平的手段相互竞争，逐渐学会从他人的角度来调整自己的情绪和行为，他们的眼光越来越长远，思维的理性特征也逐渐增加。社会人格在情感控制和理性引导方面的发展也为现代人的高水平交织和高水平的社会功能分化提供了可能。因此，在埃氏看来，既不存在静止的社会，也不存在抽象的人性；人类社会定向发展，既是宏观水平上的社会结构变化，也是社会人格的结构变化。它们是一个并行的发展过程。

二 从经验分析的角度对埃氏构形概念的批判

在梳理了埃氏构形概念的三个层次后，我们就可以批判性地分析这一概念本身的问题。在此，笔者先把埃氏的构形观暂时搁置起来，因为笔者的出发点是，考察构形概念如何应用于实际的经验分析工作，而不是阐发和批判构形概念的本体论意义。因此，下文笔者试图利用埃氏对构形游戏的想象，来分析其经验分析中的问题。仍以埃氏"宫廷社会"的概念构建为例进行分析。

1. 如果可以把宫廷社会看作游戏，那么首先的问题是：谁是游戏者或行动者？

通常人们的直觉是某个具体的人。然而，这一看似非常简单的问题在埃氏的分析性描述中是相当模糊的。比如，埃氏写道："路易十四年轻时亲身感受到，如果阶层精英，尤其是武士贵族、高等级的法官和行政官员，克服彼此厌恶的倾向，找到共同对付国王的理由，这会对国王的地位造成极大的危险。"（Elias，1983：70）在这句分析式的陈述中，路易十四是个体或个体行动者，武士贵族是地位群体，而高等级的法官和行政官员是职业群体或功能群体。因此，看起来

"宫廷社会"中至少有三类行动者,个体行动者、地位群体行动者和功能群体行动者。

如果沿着上面的思路做进一步的考察,我们又会发现新的复杂性。谁是路易十四,或者路易十四是谁,他真是一个个体行动者吗?从其年轻时所经历的动荡和压抑,以及他的个性,乃至雄心的角度来说,这些个体特征使得人们有理由把他当作一个个体行动者。不过,如果人们了解了路易十四所开创的各种伟大事业,特别是了解了,如果没有路易十四,就不可能有今日辉煌华丽的凡尔赛宫,不可能有规模宏大、礼仪繁复、极尽奢华的宫廷生活后,人们就不可能把他当作一个普通的个体行动者,而是把他看作一个"天才"(他的政治才能和政治创造力,类似于埃氏研究的莫扎特在音乐上的才能和创造力)行动者。进一步的,路易十四不仅仅是个体行动者,因为他是一位国王。比如,埃氏写道:"只要王位的权力和控制范围足够广,国王及其代表至少能够通过分配头衔给富裕的资产阶级家族的方式,控制某些家族的社会上升。"(Elias,1983:71)在这里,路易十四就不只是个体行动者,而是一位占据着王权位置的具有巨大且深远影响力的行动者。如果将王权位置看作一个社会体制的总体性位置,把能够产生巨大且深远影响力的行动者称作战略行动者,那么路易十四就是一位占据着总体位置的战略行动者。另一个同样不容忽视的事实是路易十四代表着波旁家族,而波旁家族又是法兰西的第一贵族。这样,路易十四的行动不可能免除波旁家族的利益、贵族统治的普遍利益,也不能不受波旁家族对其他家族势力增长变化的影响,以及贵族对其他群体势力增长变化的影响。

通过上面的简单分析,我们可以看到:(1)埃氏在分析式地呈现宫廷社会的运作、功能和变迁中,试图带着人们去看在一个独特的社会空间内,诸社会群体之间的权力竞争关系,即他提出的"宫廷-贵族构形",然而,当我们实际地去审查他的分析性陈述时,却发现他缺少明确的行动者的概念；（2）从群体行动者的角度，来考察他们之间的游戏构形会给具体的经验分析带来难以把握的复杂性，即便是像路易十四这样一个"简单的"个体；（3）也许分析者首先要看的不是人或人群的组合和斗争，而是游戏，是现实且特定的游戏和游戏群。

2. 如果分析者把目光聚焦在游戏上，那么问题是：哪种游戏正在被玩？

埃氏在分析宫廷社会时，他最看重的是国王、武士贵族，以及资产阶级出身的贵族围绕着地位、声望和权力进行的竞争。在这种竞争中，竞争的主要手段包括声望消费和修养展示。这样谈论的竞争游戏实际上不仅相当抽象，而且会引导分析者仅去想象一种单一的游戏类型，就是像所有棋类游戏一样的博弈游戏。以这样的方式去把握经验现象，既不利于分析者去看，也不利于分析者去研究具体的事物。

事实上，如果分析者去看实际的游戏，而不是想象的概念游戏，就会发现在宫廷社会中，既有处于塔尖顶端高度仪式化、具有表演性质的合作游戏，也有日常不可预期的冲突游戏，还有许多介于两者之间的具有竞争性的合作游戏。例如，路易十四时期宫廷的起床礼，[①]就是一场高度仪式化的合作游戏。国王的起床礼无疑是恩宠等级与传统等级的集中展现。最初，只有内廷人员和极少数特权者，才能以国王的名义优先进入国王内室。这是第一批觐见者。他们是侍从长、贵族担任的侍从、典礼官和御服官、第一内室侍从，以及有王位继承权的王族。第二批觐见者包括大的王族代表以及国王的朗读官和太子的家庭教师。第三批觐见者包括其余的王族或贵族，以及御林军中队长和膳食总长。然后是第四批、第五批和第六批觐见者。从游戏的角度看，国王的起床礼无疑是高度仪式化的，表现出高度有序与和谐的场

---

① 这一部分的内容主要参考了布吕士的《太阳王和他的时代》（布吕士，2005）。

景，不是对手间的竞争，而是整个剧班的合作。而 1699 年 8 月 27 日拉罗什富科公爵和厄迪库尔侯爵之间关于猎犬队队长（拉罗什富科）的猎鹿的猎犬和猎狼队队长（厄迪库尔）的猎狼的狗群相遇时谁该先走的激烈争吵，以及路易十四对此的裁决，无疑是另一种游戏的展现。当然，上面的两种游戏也不是无关联的，因为后一种偶发的竞争游戏的结果会作为前一种仪式化的表演合作游戏的前提；而仪式性的表演合作游戏无疑又会在所有参与者和潜在的参与者中引发新的对立游戏。如此看来，宫廷社会无非就是由具有不同性质和类型特征又相互关联在一起的游戏集合。

因此：（1）构形应当指的是具体的游戏的总和，而不仅仅是想象的群体之间的权力"拉锯战"；（2）在这一总体游戏的框架下，分析者首先可能需要分析、把握和判明各种游戏的性质、类型以及相关的关系，再去构建这一总体游戏本身的性质。

3. 如果说构形是一组变化的具体游戏，那么这组游戏是如何塑造人的行为－身体－心灵的结构的呢？

埃氏认为，封建宫廷内处于高地位的女性和处于依附地位的男性之间的交往游戏形成了相互之间的社会压力，为了减轻两个地位不对称的群体间的交往压力，宫廷礼仪和宫廷优雅随之出现，而外在行为和外在标准的内化重构了交往双方的行为－身体－心理结构。这种解释看似是有道理的，但是如果分析者再进一步检视其中的推理，就会发现埃氏的说明省略了一些关键环节。这里分析者可能要问，在高地位的女性和依附地位的男性的一组交往游戏中，哪一个具体的游戏起着关键性的作用，甚至研究者还要找出具有关键作用的某一时期或某些具有创造性的游戏。分析者可能还会询问，在这些交往游戏中，哪些具有共同特征或反复出现的行动或行动组合对塑造行动者的行为－身体－心理结构具有关键性的作用？注意：这里我们关注的不是埃氏用来说明西方文明进程的具体理论，而是他在分析层次上的省略。具体地说，埃氏所指的构形，是由一组具体的游戏所显示的群体间的交往，而这种群体间的交往游戏要对行动者的行为－身体－心理结构产生影响，还必须经过至少两个不同的层次，一个是符号互动论学者研究的具体个体间的互动层次，另一个是加芬克尔等常人方法学学者研究的惯常行为。当埃氏把宫廷社会构形的长期变化同行为－身体－心理结构的定向变化直接联系在一起时，他实际上犯了逻辑错误，跨越了不应该省略的分析层次。

因此：（1）构形分析是类似于默顿的中层理论所讨论的中等层次的分析，它内在地包含有更为微观的互动分析和惯常行为的分析。

4. 如果说宫廷社会是宫廷（国王之家）和贵族之间的游戏之集合，那么它到底是构形，还是场域，抑或是场域和构形？

场域是布迪厄的主要概念（Bourdieu, 1969; Bourdieu, Wacquant, & Farage, 1994）。它指"在研究问题所涉及的社会范围内，根据一组积极的属性，比如在那个社会范围中权力的所有者发挥其力量的能力，以分化或分配等原则构建起来的空间。此一空间中的相对位置确定了行动者和行动者的群体。每个行动者在这一空间中都占据一定位置，或拥有一组确切的相邻位置（例如，这一空间中的特定区域），同时，一个人不可能真的占据空间中两个对立的区域。只要用以构建这一空间的各种属性是积极的属性，分析者就可以把它描绘成一个许多力的场，比如，可能存在一组客观的权力关系，它作用于进入场中的每个行动者，而这组权力关系不可能还原成个体行动者的意图，或者行动者间的直接互动"（Bourdieu, 1989）。这是一个由许多行动者之间的交往构成的相对自主的社会空间，看起来同埃氏所讨论的构形似乎是同一对象，然而布迪厄本人的经验分析更注重的是这一相对自主的社会空间中结构位置、资本和内在的实践逻辑的生成和发展。正像一些学者指出的那样，布迪厄的场域概念更关注的是结构对行动者的作用，或者说场域概念更强调结构分析（制度分析），而构形概念关注的是行动者与行动者的关系（Mouzelis，1993）。所以，在笔者看来，埃氏的构形概念和布氏的场域概念不是竞争或替代的关系，而是互补的关系，即当分析者谈论构形游戏时，他必将隐含游戏空间的概念，而当他讨论场域生成和发展时，也不可能离开群体间现实且具体的游戏（集合）的讨论。比如，在宫廷社会中，某位国王可以通过授予某一贵族家族关键性的行政职位，从而使得这一家族的权力和财富都有所增加，进而提升这一家族的社会地位。这一行动看似只涉及作为个体的国王与单个贵族的构形游戏，实际上却不能离开王权和王位两个结构性（制度性）要素的形成和发展。与此同时，王位和王权的发展变化也离不开宫廷社会中各种其他社会位置的形成，以及各类资本（布迪厄意义上的资本）的积累和沉淀。

因此，（1）埃氏所讨论的宫廷社会不可能仅仅是群体间的构形游戏，他还需要把结构分析和游戏分析分离开来；（2）简单地说，构形和场域是一对互补的概念，它们在分析社会现实时缺一不可。

5. 如果把宫廷社会看作一个相对自主的社会单元，那么这一社会单元同其他社会单元之间有何关系？

对此一问题，埃氏似乎也不是没有疑问。他提出，"一些相互依赖的人的特定构形如何使得一些个体在一小群助力者帮助下，使得他们自己和他们的王朝，以多少不受限制的权力，长期统治一大群臣民。这一问题本身意味着，对单个宫廷社会的研究将有助于澄清更广泛的社会动力的社会学问题"（Elias，1983：2-3）。在这个问题中，埃氏不是在提问，而是在判断，因为他似乎认为国王们或统治家族是通过宫廷社会实现统治的，或者说宫廷社会本身是一个权力的生成机构。这种以判断代替问题的方式多少遮蔽了这位极具洞察力的社会学家的眼睛，使他没能看清整个领土国家——帝国的形成过程中，宫廷社会只是更大的统治构形——场域本身不断变化的环节。这更大的政治构形——场域，既包括官僚（行政的），也包括贵族（军事的），还包括法学家（司法的），而宫廷社会并不比这些构形——场域出现得更早或具有更重要的地位。然而，埃氏在描述宫廷社会时，给读者一种印象，似乎国王和国王的家族是通过宫廷来统治国家的。这无疑是不正确的。就路易十四而言，他较为严格地在宫廷生活与治理活动之间划出了界限。例如，"每天早上9点半左右到中午12点半，国王主持枢密院特别会议。星期天和国务大臣在一起开国务会议……如果开的是政务会议，那么掌玺大臣、国务大臣、国王秘书、财政委员会主席以及总监督长会聚集在君王身边"（布吕士，2005：18）。托克维尔在《旧制度与大革命》中论述道："中央集权制是旧制度的一种体制，而不是像人们所说是大革命和帝国的业绩。"（托克维尔，1992：1）这些都说明，法国的宫廷社会既不构成单独的统治体制，也不能凌驾于整个统治领域中的其他社会单元（其他的构形域）。

因此，（1）宫廷社会是王朝——贵族统治领域中的一个独特的社会单元（构形－场域）；（2）宫廷社会的变化、发展，以及它的性质与特征离不开它同统治领域中其他社会单元（构形－场域）的关系。

至此，读者已经可以意识到，埃氏在经验意义上使用的构形，实际上是群体行动者之间在一个更为广阔的历史－社会过程中形成的某种具有自身独特性质与内在动力的权力关系的交织和平衡。简单地说，经验上，构形就是群体间的权力游戏。在上面，笔者已经从经验层面对这一概念进行了批评，指出了它忽略的重要方面。埃氏在经验分析中所忽视的重要方面，也同样构成了他的一般分析模型和社会学观点的内在缺陷。对此，我们不准备多做分析，仅就其中一两点表明我们的意见。其一，关于原始竞争模型。这一模型多少像是霍布斯的自然斗争的翻版，是一个社会学家对原始状态的错误认识。就此，人类学的"礼物"概念已经彻底击溃了诸如此类的原始想象。简单地说，不存在所谓的没有规则的原始竞争，从原始竞争中也不可能发展出规则游戏来。忽略某些文化基础和社会基础的先在性，无疑是埃氏构形概念的一大弊病，这点在其经验分析中已经有所暴露。其二，在埃氏的构形观中，读者难以发现结构的概念。埃氏始终只关注现实的群体间的权力关系，而没能认识到，具体的游戏和游戏的结构之间是同一现实中两个必须有所区别的事物，不能在分析过程中混淆。

三　简要结论

经上述的阐述和分析，读者应当已经能够明了埃氏构形概念所具有的经验上的洞察力和分析，它的诸层内涵，以及它在经验分析上的不足。这里，笔者从经验分析的角度再简要地勾勒埃氏构形概念的长处和不足，作为进一步讨论的基础。

（一）埃氏构形概念的长处

1. 构形不是抽象的，而是经验的

埃氏的构形概念首先不是抽象的，而总是在具体的历史－社会背景之中的，由具体的行动者构成的权力角逐之形。这一具体的形，既可以是先秦战国诸侯－贵族－士大夫之形，也可以是秦汉以后皇帝－官僚－封建之形。这一具体的形，可以局限于一地一时，比如近代发生在北京的"五四运动"，也可以是历时较长，遍及国家范围的，比如清王朝皇帝退位之后的军阀割据。这一具体的形，还可以是国际范围中，以国家为单元进行的权力斗争和平衡，比如第一次世界大战之前，欧洲诸国形成的纷繁复杂的权力斗争之形。简单地说，只要分析者看到了具体行动者之间的交往或斗争，那么他就看到了具体的、经验的构形。

2. 构形的意象在于"动"和"变"

分析者通过构形概念如果看到了各个具体行动者间的角力，那就不可能不注意到角力各方的进攻和防守、联合和分裂、平和的布局和激烈的斗争、直线攻击和迂回包抄，以及各种各样的行动上的你来我往和双方还有多方之间相互力量的变化消长和相对位置的接近与疏离。所以，埃氏的构形概念始终让分析者看到现实社会中由各个行动者交织在一起的形的动态特征和变化趋势。

3. 构形所争在于权力比

与许多社会学家不同，埃氏认为具体构形的变化动力在于构形中各个行动者之间权力的内在紧张。这一权力的内在紧张既是诸行动者之间的当下状态，又是各个行动者意图摆脱的困境。构形中的每个行动者都试图基于自己当前的处境，利用自己现有的手段，来谋取自身行动自由，并限制对手和他方行动。新的行动可能会给行动各方带来暂时的权力均衡，也可能促使行动中的一方取得垄断控制，或者使行动各方陷入更加紧张的竞争之中，即从旧的构形状态变化到新的构形状态。同时，新的权力紧张又总会导致构形的进一步变化。

4. 构形有意外之"得"

因为构形中的各方行动者的行动都受到他方行动者的行动的制约，所以各个行动者所组成的构形本身的发展不可能被计划、引导和控制，它的变化和发展不是随机的，也不会遵循普遍的规律，而是受到其自身变化发展历程引导的定向变化。构形的长期定向变化还可能对构形内个体行动者的行为－身体－心理结构产生影响，这种影响既可能是表层的，也可能是深层的。所以，构形的变化总是会产生构形中行动者预期之外的结果。

（二）埃氏构形概念的不足

1. 埃氏构形概念中的行动者主要是群体行动者或地位行动者，限制了对不同层级和不同尺度的构形的分析

虽然埃氏在其构形观中主张"个体的社会"，其游戏模型中似乎蕴含个体行动者，但是在其实际的经验分析中，他始终关注的是群体

行动者或地位行动者之间的地位竞争和权力关系。这就是说，在实际的分析中，埃氏的构形概念是中等尺度的概念，所以它既缺少符号互动这类更加微观层次和尺度的构形分析，也缺乏民族国家甚至帝国这类非常宏观层次和尺度的构形分析。这一缺点显然同他的"个体之社会"观密切相联。也就是说，他始终不能像帕森斯一样摆脱具体的人来抽象地思考行动者和行动。其实，如果分析者把构形看作在具体的历史－社会条件下，由诸行动者的行动交织而成的具有内在发展动力和发展趋势的局部社会过程，或者把它看作包含了诸多行动者的总体游戏，那么分析者就可能用构形概念来把握不同层次和尺度的社会过程。

2. 埃氏的构形概念缺少结构的概念，然而，构形又不可能离开构形所由以发生和变化的社会空间

有些学者指出，埃氏的构形概念仅涉及行动者与行动者之间的分析，而缺少结构分析（制度和制度之间关系的分析）。[①] 笔者认为，这样的批评是中肯的。在上面对埃氏宫廷社会的批评中，笔者已经指出，构形的概念不可能缺少相应的社会空间的概念，并特别指出构形和场域是一对互补的概念。进一步的，笔者认为，构形－场域可能是比构形和场域更有潜力的概念。

3. 从游戏的角度看，构形不可能只是权力争夺和权力平衡的，还会有其他的构形

埃氏关于游戏模型的论述是极具启发性的，可以帮助分析者对许多具体的社会过程开展描述和分析的工作。然而，如果人们像维特根斯坦一样思考，就会发现"看来你所想到的是棋类游戏，但还有其他

① 穆泽利斯（Mouzelis）在评论埃氏构形社会学的文章中把社会学理论分析划分成聚合水平（Paradigmatic Level）和组合水平（Syntagmatic Level）（Mouzelis, 1993）。前者指制度之间的匹配或不匹配，后者指行动者之间的合作或冲突。笔者认为，埃氏的构形主要把握了行动者间的关系，帕森斯的系统主要把握了制度间的关系，马克思主义的分析同时指向制度之间和行动者之间的关系，吉登斯的结构化理论则关注制度同行动者间的关系。

的游戏"（维特根斯坦，2000：5）。如果分析者试图利用游戏模型来描述和分析经验对象，那么他们可能要扩大游戏的概念，除了竞争性的游戏，还包含合作的游戏。同时，不仅要考虑物和工具在游戏中的作用，还要考虑符号在游戏中的作用。总之，分析者需要"看到一种错综复杂的互相重叠、交叉的相似关系的网络：有时是总体上的相似，有时是细节上的相似"（维特根斯坦，2000：48）。

4. 构形观虽能发人深思，但还不足以成为范式

埃氏的构形观确实能够帮助分析者破除许多"迷思"，比如个体和社会作为两个难以并存的实体的迷思，以及静态的、均衡的社会结构的迷思。它也确实能够引导分析者去观察和思考那个不断变动中的具体的人和人之间的交织或互相依赖，它还能促使我们去想象和寻找长期历史发展变化所体现出的定向发展，以及宏观社会进程和微观行为 - 身体 - 心理改变的并行过程。但是，在前文中，我们已经看到他的构形概念还是有许多缺陷的，尤其是，他没能考虑到结构和结构的再生产，夸大了权力竞争和垄断的作用，甚至忽视了状态分析的可能性。所以，埃氏的构形观还不足以成为分析者必须要遵循和效法的范式。

总之，从经验分析的角度来说，埃氏的构形概念是非常有力的分析工具，但仍有其缺陷，需要后来者以此为基础，借鉴其他概念（比如常人方法学的惯常概念、戈夫曼的框架概念，以及布迪厄的场域概念）予以补充和完善；他的构形观有值得分析者深思的地方，但不能把它当成一种范式。

参考文献

埃文思 - 普里查德，2002，《努尔人：对尼罗河畔一个人群的生活方式和政治制度的描述》，诸建芳、阎书昌、赵旭东译，北京：华夏出版社。

弗朗索瓦·布昌士，2005，《太阳王和他的时代》，麻艳萍译，济南：山东画

报出版社。

诺贝特·埃利亚斯,2013,《文明的进程》,王佩莉、袁志英译,上海:上海
译文出版社。

诺贝特·埃利亚斯,2020,《宫廷社会》,林荣远译,上海:上海译文出
版社。

托克维尔,1992,《旧制度与大革命》,冯棠译,北京:商务印书馆。

维特根斯坦,2000,《哲学研究》,李步楼译,北京:商务印书馆。

Arnason, J. 1987. "Figurational Sociology as a Counter-Paradigm." *Theory, Culture & Society* 4 (2 – 3): 429 – 456.

Bauman, Z. 1979. "Book Review: The Phenomenon of Norbert Elias." *Sociology* 13 (1): 117 – 125.

Baur, N., & Stefanie Ernst. 2011. "Towards a Process-Oriented Methodology: Modern Social Science Research Methods and Norbert Elias's Figurational Sociology." *The Sociological Review* 59 (1_suppl): 117 – 139.

Bogner, A. 1986. "The Structure of Social Processes: A Commentary on the Sociology of Norbert Elias." *Sociology* 20 (3): 387 – 411.

Bourdieu, P. 1969. "Intellectual Field and Creative Project." *Social Science Information* 8 (2): 89 – 119.

Bourdieu, P., L. J. D. Wacquant, & Samar Farage. 1994. "Rethinking the State: Genesis and Structure of the Bureaucratic Field." *Sociological Theory* 12 (1): 1 – 18.

Bourdieu, P. 1989. "Social Space and Symbolic Power." *Sociological Theory* 7 (1): 14 – 25.

Coser, L. A. 1980. "Book Review, What is Sociology?" *American Journal of Sociology* 86 (1): 192 – 194.

Dunning, E. 1989. "A Response to R. J. Robinson's, the 'Civilizing Process': Some Remarks on Elias's *Social History*." *Sociology* 23 (2): 299 – 307.

Dunning, E. 1992. "Figurational Sociology and the Sociology of Sport: Some Concluding Remarks. ” in *Sport and Leisure in the Civilizing Process*: *Critique and Counter-Critique*. (eds.) Eric Dunning and Chris Rojek, pp. 221 – 284. London: Palgrave Macmillan UK.

Dunning, E. , & Stephen Mennell. 1979. “ ‘ Figurational Sociology ’ : Some Critical Comments on Zygmunt Bauman’s ‘ The Phenomenon of Norbert Elias ’. ” *Sociology* 13 (3): 497 – 501.

Elias, N. 1950. “Studies in the Genesis of the Naval Profession. ” *The British Journal of Sociology* 1 (4): 291 – 309.

Elias, N. 1978. *What Is Sociology*? London: Hutchinson.

Elias, N. 1983. *The Court Society.* Oxford: Wiley-Blackwell.

Elias, N. 1987. “The Changing Balance of Power between the Sexes—A Process-Sociological Study: The Example of the Ancient Roman State. ” *Theory, Culture & Society* 4 (2 – 3): 287 – 316.

Elias, N. 1994. *Mozart: Portrait of a Genius.* (ed.) Michael Schröter. Berkeley: University of California Press.

Elias, N. 2000. *The Civilizing Process: Sociogenetic and Psychogenetic Investigations.* (eds.) Eric Dunning, Johan Goudsblom, and Stephen Mennell. Oxford, Malden Victoria: Blackwell Publishers.

Elias, N. 2001. *The Society of Individuals*, edited by Michael Schröter. New York: Continuum.

Elias, N. 2008. “Power and Civilisation. ” *Journal of Power* 1 (2): 135 – 142.

Elias, N. 2013. *Studies on the Germans: Power Struggles and the Development of Habitus in the Nineteenth and Twentieth Centuries*, edted by Eric Dunning and Stephen Mennell. Dublin: University College Dublin Press.

Elias, N. , & John L. Scotson. 1994. *The Established and the Outsiders: a Sociological Enquiry into Community Problems.* London: SAGE Publications Ltd.

Elias, N. , Robert van Krieken and Eric Dunning. 1997. “Towards a Theory of Social Processes: A Translation. ” *The British Journal of Sociology* 48 (3):

355 – 383.

Featherstone, M. 1987. "Norbert Elias and Figurational Sociology: Some Prefatory Remarks." *Theory*, *Culture & Society* 4 (2 – 3): 197 – 211.

Giddens, A. 1992. "Book Review the Society of Individuals." *American Journal of Sociology* 98 (2): 388 – 389.

Krartrp, K. 1979. "On the Sociological Significance of N. Elias's Sociogenetic Modelling Approach to Societal Transformations." *Acta Sociologica* 22 (2): 161 – 173.

Lasch, C. 1985. "Historical Sociology and the Myth of Maturity: Norbert Elias's *Very Simple Formula.*" *Theory and Society* 14 (5): 705 – 720.

Layder, D. 1986. "Social Reality as Figuration: A Critique of Elias's *Conception of Sociological Analysis.*" *Sociology* 20 (3): 367 – 386.

Malerba, J. 2014. "The New Style: Etiquette during the Exile of the Portuguese Court in Rio de Janeiro (1808 – 1821)." in *Norbert Elias and Empirical Research.* (eds.) Tatiana Savoia Landini and François Dépelteau. 125 – 159. New York: Palgrave Macmillan.

Mennell, S. 1998. *Norbert Elias: An Introduction.* Dublin: University College Dublin Press.

Morrow, R. A. 2009. "Norbert Elias and Figurational Sociology: The Comeback of the Century." *Contemporary Sociology: A Journal of Reviews* 38 (3): 215 – 219.

Mouzelis, N. 1993. "On Figurational Sociology." *Theory*, *Culture & Society* 10 (2): 239 – 253.

Powell, C. 2013. "Contradiction and Interdependency: The Sociologies of Karl Marx and Norbert Elias." in *Norbert Elias and Social Theory*, (eds.) François Dépelteau and Tatiana Savoia Landini, pp. 91 – 107. New York: Palgrave Macmillan US.

Robinson, R. J. 1987. " 'The Civilizing Process': Some Remarks on Elias's Social History. " *Sociology* 21 (1): 1 – 17.

Schumpeter, J. 1986. *History of Economic Analysis*, (eds.) Elizabeth Boody Schumpeter. London: Allen and Unwin.

Sica, A. 1984. "Sociogenesis versus Psychogenesis: The Unique Sociology of Norbert Elias. " *Mid-American Review of Sociology* 9 (1): 49 – 78.

Smith, D. 2001. *Norbert Elias and Modern Social Theory.* London: SAGE Publications Ltd.

Van Krieken, R. 1998. *Norbert Elias.* London, New York: Routledge.

Van Vree, W. 2002. "The Development of Meeting Behaviour in Modern Organizarions. " *in The Cvilized Orgniaztion: Norbert Elias and the Future of Organization Studies*, (eds.) Ad van Iterson, Villem Mastenbroek, Tim Newton and Dennis Smith, pp. 3 – 24. Amsterdam, Philadelphia: John Benjamins Publishing Company.

Waizbort, L. 2013. "From Elias Back to Simmel. " in *Norbert Elias and Social Theory*, (eds.) François Dépelteau and Tatiana Savoia Landini, pp. 179 – 188. New York: Palgrave Macmillan.

Wieviorka, M. , André Burguière, Roger Chartier, Arlette Farge, and Georges Vigarello. 1998. "The Work of Norbert Elias: Its Content and its Reception. " *Thesis Eleven* 54 (1): 89 – 103.

涂尔干的两个道德理论及其社会学问题[*]

一 涂尔干的道德理论引发的疑惑

涂尔干的社会学就是关于道德事实的科学，这一点是涂尔干自己承认的（Durkheim，1993；涂尔干，2001），也得到了许多社会学理论工作者的承认（陈涛，2015，2017；渠敬东，1999；张海洋，2000；Shilling & Mellor，1998；Miller，1996；Marske，1987；Isambert，1993；Rawls，2012；Shilling，2005；Lukes，1985；Ferrarotti，1993；曹锦清、张贯磊，2017；Kenny，2010）。然而，如果人们认真研读涂尔干的道德理论，他们就不难发现一些事实，也会遇到一些疑惑。

首先需要注意到的一个事实是，涂尔干在他的思想成熟期，先后发展了两个既有差别又有联系的道德理论。有许多社会学理论工作者已经注意到了涂尔干的"启示"（Alexander，2005；Jones，1981，1977），但是只有少数学者看到涂尔干实际上有两个相当不同的道德理论（Kenny，2010）。与这一事实相联系的一个疑问是，为什么涂尔

---

* 本文曾以《涂尔干的两个道德理论及其社会学问题》为题发表于《社会科学研究》2021 年第 3 期，收入本书时有修改。

干会去发展两个既有区别又有联系的道德理论呢？有的学者把这看作涂尔干自身哲学立场的摇摆和立场选择的结果（Alexander，1986）。这种回答虽然很富有启发性，却不能令人满意。因为，涂尔干的道德理论不是哲学的思辨，而是对社会事实的观察和思考（Durkheim，1953，2001）。所以，无论涂尔干有怎样的哲学立场，他首先要提出一个能够通过经验考察来解答的关于某种社会事实的问题。

另一个有趣的事实是，风俗、习惯和处境，这些在道德理论中本应占有重要位置的概念（Parsons，1996；Sumner，1907），被涂尔干系统地、有意识地排除在自己的理论之外。当读者考察涂尔干的道德理论的发展时，会发现涂尔干虽然没有像布留尔一样把自己的研究定位为"风俗的物理学"（Lévy-Bruhl，1953），但也曾把习惯这一概念当作自己理论的重要基石（White，2013）。但是，读者会发现，在涂尔干的两个道德理论中，无论是风俗的概念，还是习惯的概念，都消失不见了，有时还成为其理论批判的靶子。这是最令读者惊异的一点。因为，这似乎意味着，涂尔干的道德理论不是一个针对一般道德现象的理论，而是针对特定道德现象的理论，甚至不是一个针对道德事实的理论，而是指向其他"事物"的理论。如果这种假设能够成立的话，笔者的疑问是：涂尔干的两个道德理论想要回答的实际的社会学问题是什么？

因此，本文的首要目的是把涂尔干的两个道德理论清晰地勾勒出来，并说明这两个道德理论的差别和联系。其次，本文试图重新阐明涂尔干的道德理论所要回答的社会学问题。

二　涂尔干的两个道德理论

从《社会分工论》开始，接着是《自杀论》，涂尔干对道德现象的研究不断推进，从而发展出了一个同宗教无关的道德理论。虽然，涂尔干的这一道德理论，是通过《社会分工论》和《自杀论》两个经验研究发展出来的，但是这一道德理论的清晰表述体现在两部讲稿中，一部是《职业伦理与公民道德》，另一部是《道德教育》，尤其后一部讲稿系统、清晰地呈现了他的第一个道德理论。由于受到史密斯及其学派的启发，涂尔干经过多年深入考察和系统思考，在1912年完成了《宗教生活的基本形式》一书，并在其中隐含了一个新的、以宗教为核心的道德理论。在此，笔者把涂尔干的前一个道德理论称为"理性的世俗道德理论"，把后一个道德理论称为"宗教的理性道德理论"。下文，笔者将首先通过《道德教育》一书勾勒出涂尔干的"理性的世俗道德理论"，再通过《宗教生活的基本形式》一书抽绎出他的"宗教的理性道德理论"。

（一）理性的世俗道德理论

在《道德教育》的导言部分，涂尔干清晰且有力地陈述了他的理论目标，"我们决定让我们的儿童在国立学校里接受一种纯粹世俗的道德教育。至关重要的是，这意味着一种不是从启示宗教派生出来的教育，而是一种仅仅取决于只对理性适用的那些观念、情感和实践的教育，一句话，是一种纯粹理性主义的教育"（涂尔干，2001；7）。正如这句话所表达的，作为道德教育的基础的道德理论，首先是世俗的，也就是剥离了宗教外壳的，脱离了神的；其次还应当是理性的，也就是受到科学对道德实在的研究指导的。这种道德之所以是世俗的，正是因为它用科学研究的实在对象替换了传统道德中的上帝；它用人对他生活于其中的集体的情感代替了他的宗教情感；它用人世间的自觉的道德规范和国家法律代替了宗教的戒律和仪轨。也正如涂尔干在该书中反复阐明的，他的理论是"理性的世俗道德理论"。这一"理性的世俗道德理论"包括什么样的内容呢？

1. 人的道德性的三个维度

大体而言，涂尔干首先认为，生活在集体中的个人，其道德性具有三个维度的内容，即他们的实践、情感和观念。个体在集体生活中，最主要的道德实践就是对该集体的各种不言而喻的或以文字清晰表述的规范的遵从。对某个群体生活的规范的遵从，就是群体内个体的义务。然而人不可能机械地去履行他们的义务，如果是这样，即便他们履行了义务，也不能用"道德的"予以描述。在践行规范时，他们还需要饱含某种情感。这种情感既不是对某个其他的个人，也不是对抽象的他人，而是对那个他行动于其中的持续的集体生活，他所从属的那个具体的群体。对于他生活于其中的集体、他归属的群体，他一方面包含依恋之情，另一方面充满了献身之愿。正是他所具有的集体情感，激发他不是消极地履行义务，而是积极地承担责任。或者说，正是遵从特定集体规范的个人所充盈的集体情感，把规范的外在性转变成内在性。正是在遵行规范时投入了集体情感，个体的行为才有了"道德性"。集体情感虽然赋予个体的规范实践以道德性，但是，他对集体的责任感可能依然是盲目的，因为，情感依旧是非理性的东西。真正使个体在践行集体规范时具有完全的道德属性的，是他所生活于其中的集体，他所归属的群体，那个被称为"实在"的清楚认知。个人对"集体实在"的理解和把握，使他明了规范的权威性自何处来，使他懂得自己的集体情感因何而起，使他知道自己不仅正在遵从着具体的集体规范，还正在体现着集体的价值，实现着集体的使命。这是从生活于集体中的个体的角度来说的。当我们说"这个人是道德的"时，也就是说他能够在集体观念的指引下，充满集体情感地履行自己的集体义务。

2. 行为的道德性的三个要素

涂尔干还认为，通过对特定的道德行为加以抽象的分析，人们能够从中发现三个道德要素——纪律精神、对社会群体的依恋和道德自主（或自决）。

(1) 道德行为的第一个要素：纪律精神

一般而言，所有的道德行为都是在特定的集体生活之中处于特定处境之下的个体，对集体生活的某项规范的遵从。那么当人们审视他对具体规范的遵从时，就会发现赋予个体对规范的遵从以道德特性的，不是个体一时一地的遵从，而是经常的、反复的或时时刻刻的遵从。这就是说，个体对规范的遵从首先具有"常规"性。个体不仅是在对规范的常规性遵从中习得了规范，而且恰恰是遵从的常规性展现了规范之为规范的原因。然而，常规性只是规范遵从的表象，规范遵从的实质或内里在于个体在规范遵从之中或之后对权威的承认。如涂尔干所言，"在规范概念中，有某种能够超出常规性观念的东西，即权威观念。借助权威，我们一定能够理解所有我们承认高于我们的道德力强加给我们的影响。有了这样的影响，我们才会按照被规定的方式行动，这不是因为被要求的行为对我们有吸引力，也不是因为某种先天的或后致的禀性使我们产生了这种倾向，而是因为在命令我们行动的权威中有某种强制作用。服从就在于这样的默认"（涂尔干，2001：31）。在个体遵从规范时，他把具体的规范当作给予自己的一道命令，命令排除了他的犹疑和计算，命令排除了环境和未来的不确定性，使得行为本身成为规范的肯定展现。涂尔干指出，"道德规范完全是一种命令，而非其他。正因如此，道德规范才会以这样的权威向我们发号施令——当它发号施令时，所有其他想法都必须退居其次。它不允许任何推诿。当问题涉及评价行为的最终后果时，就不可避免会出现不确定性——行为的结果总是不确定的。环境的许多各种不同的组合，可以产生我们无法预见到的结果。但是，当问题涉及义务时，既然不允许进行所有这样的算计，那么这就更容易确定了：所有问题都会变得更简单。这不是一个预期未来的问题，未来肯定是捉摸不定的，而是一个了解什么东西受到规定的问题"（涂尔干，2001：

32）。因此，当人们审视具体的规范遵从时，就会发现遵从的常规性和规范的权威性共同显示了道德行为的首要因素，即纪律精神。正是一项行为所显现的纪律精神，说明：一方面，行为者把自己同某个客观的、外在的"律条"联系在一起；另一方面，行为者又承认这个外在的"律条"就是他自己的断然决定。

（2）道德行为的第二个要素：对社会群体的依恋

在审视道德行为时，人们还会发现，只有当人们说"这是一项非个人的目的的行为"时，才能说"这个行为是道德的"。涂尔干认为，道德行为的利益特征，既不在于此项行为的利己性质，也不在于它是有利于某个或许多特定的他人，而是因为该项行为有利于行为者所归属的集体。涂尔干论证道："道德行动追求非个人的目的。但是道德行动的非个人目的，既不可能是除行动者以外的某个人的目的，也不可能是其他许多人的目的。因此，必然的结果就是，它们必定涉及某种与个人不同的东西。它们是超个人的。"（涂尔干，2001：60）然而，"除了由个人的联合所形成的群体，即社会，就不再有任何外在于或超越于个人的东西了"（涂尔干，2001：60）。于是，道德行为的目的就是社会本身；合乎道德的行为就是"根据集体利益而行动"。那么是什么东西使得个体的行为具有超个人的性质，又是什么东西把他自己同所属的群体联系在一起，使得他自愿地以集体利益为目的而行动呢？答案是：对个人所属群体的依恋。这是一种把行为者同他所属的群体融合在一起的情感。它是一种归属感。个体在行动时感受到所属群体对他的吸引，感受到他投入到了集体的怀抱。这也是一种牺牲感。当个体为集体利益而行动时，她觉得自己的价值得到了实现，就像一个妈妈为自己的儿女做出牺牲时一样，她体会到的不是痛苦，而是快乐。对社会群体的依恋，赋予一项遵从规范的行为以积极的和善的特性，这时，个体对特定规范的遵从不再是消极的，而是积极的，甚而是充满激情的；这时，个体所履行的就不仅是一项义务，更是在承担一项责任。正是履行特定集体规范的个人所充盈的集体依恋，把规范的外在义务转变成内在的担当。只有当个体在遵守规范时投入了他对集体的激情，他的行为才有了"道德性"。

（3）道德行为的第三个要素：道德自主

按照涂尔干的想法，一项行为的道德性质，除了它的义务性（对特定规范的遵从）和善性（饱含对所属群体的爱），还必须受到理性观念的指引。这要求，个体在遵从特定的集体规范时，不仅是自愿的，还要是自觉的。人们之所以积极地去履行某项义务、承担某项责任，不仅仅因为它是某种习惯的结果，也不仅仅因为它是某种爱的盲目表现，更是因为他清楚地认识到自己的集体本性，以及他的行为对集体的价值。因此，在积极遵从某项集体规范时，行为者本人受到自己的道德良知的引导。那么怎样才能说一项履行义务的行为是道德自主的行为呢？涂尔干说："要合乎道德地行动，光靠遵守纪律和效忠群体是不够的，不再是足够的了。除此之外，不管是出于遵从规范还是忠于集体理想，我们还必须对我们行为的理由有所了解，尽可能清晰完整地明了这些理由（根据）。"（涂尔干，2001：118）这也就是要求行为者明确地把特定的义务同所属群体的某一明确特征联系起来。那么行为者的道德良知又从何而来呢？涂尔干的回答是："一个人因为确信一切应然之物都是实然之物而服从事物的秩序，这并不是屈服于某种约束。这是在自由地渴求这种秩序，是通过理解其根源而达成一致，自由地渴望并不是渴求荒诞。相反，这意味着希望得到合乎理性的东西，也就是说，这意味着采取与事物本性相一致的行动的愿望。"（涂尔干，2001：114）简单地说，道德良知来源于对事物本性的理性认识。这个事物就是个体所属的群体，就是社会，理解群体和社会就是建立与掌握道德科学——这也是社会学研究的任务。

3. 个体道德的三个维度和道德行为的三要素

通过上面对个体道德的三个维度和道德行为的三个要素的陈述，

我们已经可以察觉，三个维度同三个要素并不是孤立的，而是相容的。实际上，道德行为的三个要素中，可以说每个要素贯穿有三个维度的内容。就纪律精神要素而言，它的实践维度就是服从特定的规范，就是约束自己的行为，使自己的行为受到监督和评判；它的情感维度则是对某些个体的欲望和激情的控制，用特定的规范来约制和引导一时一地的私人情绪；它的观念维度就是，行为者清晰且确定地承认特定规范的权威性质。道德行为的第二个要素是行为者对所属群体的依恋。这种依恋也可以从三个维度来分析。从实践的维度看，对社会群体的依恋就是积极地投身于集体生活；从情感的维度看，依恋就是在履行义务时，感受到集体的吸引和集体的需要，并饱含着对集体的激情（而不是冷漠的，无情地遵从规范）；从观念的维度看，依恋就是十分明确自己在行为时对集体的责任或担当。道德自主也同样可以从三个维度来把握。实践上，道德自主要求行为者在遵从规范时受到自己的道德良知的指引，不仅要做到"不逾矩"，而且要做到"从心所欲"；情感上，道德自主需要行为者对集体有奉献之情，在履行义务时，有使命之感；观念上，道德自主意味着，行动者对道德科学有所认识，有所把握，能够将特定规范同所属群体的某些特性联系在一起，做到行有所据（特定的行为是有充分根据的）。

（二）宗教的理性道德理论

在《宗教生活的基本形式》一书中，涂尔干主要论述的是宗教生活的起源和它所包含的构成要素，他并没有花笔墨来阐发其始终关心的道德问题，仅是反复提到宗教信仰和宗教仪式的道德意涵。然而，读者如果仔细阅读和分析，依然可以从宗教生活的道德意涵中抽绎出一个新的道德理论，即"宗教的理性道德理论"。之所以称这个道德理论为"宗教的理性道德理论"，是因为涂尔干断言道德事实和科学事实都源自宗教生活，也就是说，道德和理性都统一在宗教生活的发生和发展之中了。

那么从他的宗教理论中，我们可能引出什么样的道德理论呢？大体上讲，涂尔干依旧认为道德现象包含三个维度——实践、情感和观念，不过，这一理论把情感而不是把观念当作最紧要的道德维度。

1. 道德作为对集体事物的激情

如果说宗教生活的本源是集体激情本身，那么道德也是一种激情。不过，道德不是群体处于宗教状态中的激情，而是个人处于世俗生活中的激情。首先，道德是曾经经历过宗教激情的个人回到他的日常生活中后，那种依旧保持在他个体之中经久不息的热情。其次，这种驻留在世俗个人身上的集体激情不是没有对象的，它会被任何能够表现集体属性的"神圣"象征唤起。最后，由"神圣"象征所唤起的那种激情不仅是对过往的集体激情的回响，而且是对未来的集体生活的渴望。恰恰是这种驻留在世俗世界的个人身上、朝向"神圣"象征（它们总是代表某种集体的属性）的激情，使个人在自己日常生活中能够超越对单纯的物质利益的追求，能够超越个体的欲望，以相当的热情追求非个人的事物。

驻留在世俗个人身上的集体激情不仅是普遍的激情，还是同特定的仪式形式相联系的特殊情感。在宗教的苦行仪式中，为了维持神圣世界和凡俗世界的界限，人们发展了对集体事物的尊重之情；在牺牲仪式中，人们由于分享了神圣的存在，由于不可避免地要分割集体的事物，从而生发了对集体事物的愧疚之感；在模仿仪式中，通过对神的模仿，人们不仅为自己树立起崇高的集体理想，还培育了实现集体理想（目标）的深沉愿望，以及愿望一定能够实现的坚定信念；在再现仪式（或纪念仪式）中，人们通过对神圣祖先的伟大事迹的表演，自然会生发出对集体传统的强烈的爱，从而把自身同集体传统紧紧地联系在一起；在禳解仪式中，人们通过种种悲恸的表现，体验着对集体损失的痛苦，体验着对集体危险的担忧，体验着相互需要的强烈愿望，体验着集体振奋的共同意愿。

源自集体激情的道德激情随着世俗生活的开展会渐渐消散，所以人们还必须有节奏地重新投入到集体生活之中，复生和更新自己的集体激情，重新为道德激情补充能量。如涂尔干所说："实际上，宗教仪典具有的重要性全依赖于它推动了集体的生成：群体聚集起来，共同庆祝。因此宗教庆典的首要结果是把个体聚合起来，成倍地增加他们之间的交往，让他们更紧密地结合在一起。"（Durkheim，1995：352）在宗教仪式中，"当人们感到某种外在于他们的事物获得新生，感到力量被重新复活，感到生命被重新唤醒时，他们就不再迷惑了"（Durkheim，1995：352 – 353）。所以，"膜拜的本质是节日的循环往复，即以特定的时间周期有规律地重复。现在，我们已经能够理解促成这种周期性的动力来自何处了。宗教生活遵循的节律不过是社会生活的节律的表达和结果。社会除非聚集在一起，否则它是不能复活对自己的意识的，不过它不可能总是聚集在一起"（Durkheim，1995：353）。正是由于宗教仪式的定期开展，个人的道德激情才能不断获得再生，个人也才能在世俗生活中不断地超越私人对物质利益的需要。

至此，我们可以说，涂尔干的新道德理论中，道德首先是从集体生活的激情状态延续到世俗生活中的，是个人对集体生活的激情。这种激情既是一般的，又是特殊的，它还需要通过反复的仪式重归集体生活，来补充自己的能量。

2. 仪轨中的道德实践

涂尔干认为，宗教生活不仅是道德激情的源泉，宗教仪轨还具有培育道德实践的功能。涂尔干把宗教仪轨分作五个方面——苦行仪式、牺牲仪式、模仿仪式、再现仪式（或纪念仪式）和禳解仪式，其中苦行仪式属于消极的崇拜，其他的仪式属于积极的崇拜。在每一种仪式中，我们都能发现特定道德实践的培育。

在苦行仪式的类目下，涂尔干强调了此种仪轨的两个方面：一方面是凡俗个人对神圣事物的特定行为的禁止，另一方面是凡俗个人努力通过对自身欲望的压制，通过给自身施加痛苦，使自己接近神。在对神圣事物的禁止行为中，人们的行动展现的不是对神圣事物的惧怕，而是对集体属性的象征的尊重。按照涂尔干所说："宗教禁止必然涉及神圣的观念。它源自对神圣对象激起的尊重，其目的则在于阻止所有的不敬。"（Durkheim，1995）这种对神圣对象（集体属性的象征）的尊重在个人身上就体现为"绝对地禁止去做……"反过来说，宗教禁止行为培育了世俗个人对集体属性的尊重。在真正的苦行仪式中，人们对自己的自然欲望施加暴虐，从而克服自己本性的堕落，为完成自己的集体责任做积极的努力。只有在痛苦之中，人们才能勇敢地面对痛苦，也才能激发自身的杰出才能；只有克服自己的本能欲望，才能把自己提高得与神接近。所以，"只有当一个人经受了摒弃凡俗享乐、克制自身欲望、脱离自我关注的训练，亦即经历了苦难的磨炼之后，积极膜拜方有可能，因为在某种程度上，他只有热爱自己的责任，方能欣然践履它。当责任来临时，他必须训练自己经历痛苦，这就是苦行实践要实现的目的。他们施加于自身的痛苦并非任意的，也不是一味残酷，而是一所能够塑造他们的形体、陶铸他们的意志所必需的学校。在这所学校中，他获得了无私和坚韧的品质，若没有这些品质，宗教也不会存在了"（Durkheim，1995）。因此，苦行仪式一方面培育了世俗个人对集体事物的尊重，另一方面压制了世俗个人的本能欲望，以及承担集体责任的勇气和才能。

牺牲仪式包含两个阶段，前一阶段是全体氏族成员共同参与对"神圣"存在的奉献，通过奉献来祈求氏族图腾的繁衍和繁盛；后一阶段全体氏族成员共同参与食物共享，通过共享来保留氏族的神圣和所有。首先，在第一阶段中，氏族成员共同确认，集体存续和集体发展是全体的理想和目标。其次，在实践中，每一个氏族成员都必须参与集体理想和集体目标的实现过程，都必须在此过程中，做出自己的奉献。所以，第一阶段的奉献要素通过反复实践确立起一种特定的心理倾向，即共同为集体理想和目标做奉献是神圣的。第二阶段的仪式表现的是对集体成果的共享。每一个参与集体奉献的个人都有权利，也都能够分享集体的成果。因此，第二阶段的共享要素确立了，对集体成果共同占有是神圣的，这是一种集体心理倾向。

模仿仪式的目的，是通过对希望得到不断繁衍的动物的行为和声音的模拟表现，达到促成图腾繁衍的目的。这种仪式实践包含了三项道德要素：集体理想必能实现的信念（坚信）、为了集体理想的实现而必须采取行动的果断，还有既定程式表现的努力和热诚。氏族成员之所以会尽力地模仿图腾生活，主要是因为他们"坚信"这样做不仅可以表达他们同图腾之间的亲属关系，还确定他们的行为一定能够促成图腾的生长。这种失去了理智接触的"内在信念"，恰恰凸显了人类赖以存在的深刻根源。此外，"由于一个社会最重大的利益处于生死攸关的时刻，社会不可能由情势摆布，任其发展，所以，它必须介入进来，调整其进程，以满足自己的需要"（Durkheim，1995）。于是，集体信念必然化为果断的行动，果断的行动又强化了对集体信念的坚定。集体信念是否能够真正实现还有赖于表演者对整个仪轨程式的小心翼翼、一丝不苟，有赖于表演者全身心地投入其中。他们越是严格地遵守每一个仪轨要求，越是热诚地把图腾生物的活力表现出来，集体的愿望和祈求就越可能实现。

再现仪式（或纪念仪式）是祖先传承下来的仪式。它既是对仪式权威的确认，也是对传统权威的确认。在仪式中，氏族成员共同纪念祖先的业绩，表彰祖先的德行，表达他们自己同过去传统的内在联系。仪式的参与者认为，"据说，如果未能恰当地遵循各种仪式规定，（Wollunqua）就会发怒，离开它的栖身之处，对其崇拜者的怠忽加以报复。当一切行为和安排都是恰当的，信徒就应当确信一切都会顺遂，亨通福佑将会随之而来"（Durkheim，1995）。这无非是说，集体传统必须得到尊重和延续，否则必将受到惩罚。按照涂尔干所说，"整个一系列仪典的唯一目的是，唤起某种观念和感情，把当下融入过去，把个体融进集体"（Durkheim，1995）。这就是说，人们通过对集体传统的共同纪念，把自己同传统、同集体融合在一起，从而担负起延续集体传统的重任。

涂尔干把许多悲伤的仪典都归于禳解类目下。这类仪式要么是为了迎接一场灾难，要么是为了纪念或痛悼过去的灾难，还包括向神祈求消灾免祸。这一仪式类目中主要的道德要素是哀恸。哀恸是丧礼的主要仪式内容。在丧礼中，氏族成员的哀恸"不是由于遽然丧失亲人、私人情感受到伤害后的自然流露。它是一项由群体施加的义务"（Durkheim，1995）。因为，某个氏族成员的死亡，不是个人或家庭的损失，而是整个集体的损失，是整个集体受到了伤害，所以每个集体成员都有义务感受和表达对这种集体损失的遗憾之情。当氏族的宝物被他人偷走后，氏族成员也会举行相似的哀恸仪式，来表达他们对公共损失的痛楚之情。这都说明，哀恸是一项集体的责任，所有群体成员都需要承担集体遭受的伤害。

3. 过一种理性的宗教生活

在《宗教生活的基本形式》一书中，涂尔干认为，道德的主要问题已经不再是个人基于对社会实在的认识，而是发展起来的道德自主。根据前文的论述，我们已经知道，涂尔干认为，一个社会的道德实践和它的科学理性都源于宗教生活，而宗教生活又源于集体激情。所以，问题就不在于个人怎样过一种道德生活，而在于社会过一种怎样的宗教生活。如果道德实践源于宗教生活，那么这就意味着只有合理的宗教生活，才能引出合理的道德实践。于是，问题就是，人们应当过一种怎样的宗教生活。对此，涂尔干没有明言。我们只能根据他的文字，略做揣测。按照我们的阅读和理解，我们认为，涂尔干似乎在倡导现代人去过一种理性的宗教生活。具体理由有如下几点。

（1）宗教和道德与科学的统一

涂尔干追随康德，认为那种把科学的事物视作一方，把宗教和道德视作另一方，这两方相互对立、水火不容的想法，无疑是错误的。按照康德的设想，"思辨理性和实践理性是同一才能的不同侧面"，而把"两种理性结合在一起的是对普遍的追求"，因为，"理性地思考就是根据那些对所有理性存在都是自明的规律的思考；道德地行事就是根据公理——为所有人的意志所接受——行事"（Durkheim，1995）。所以，根本不存在两个对立的、平行的世界，即"一个是物质和感官的世界，另一个是纯粹的和非个人的理性世界"（Durkheim，1995）。涂尔干认为，事实上，这两个世界始终是联系在一起的，是相互渗透的。何以如此呢？原因在于，人们没有能够认识到，所谓科学理性并非个人的理性，它只不过是集体思想的另一个名称。涂尔干说，"只有通过把个人集中起来，集体思想才有可能出现"，因为，"除非通过个体意志和个体感受的合作，否则非个人的目标和真理之域就不可能实现"（Durkheim，1995）。所以，所谓物质和感官的世界无非是处于分离状态的个人的世界，而纯粹的和非个人的理性世界就是个人聚集在一起的世界。宗教和道德是聚集在一起的人的实践，科学是聚集在一起的人的认识，它们是同一聚集所生产的两个成就。虽然如此，这两个似乎具有一种辩证的关系。涂尔干似乎认为，集体实践（宗教和道德）为集体思想提供发现和实现的动力，而集体思想又能够把握集体实践的本原和要素。如果这一假设是成立的，如果科学真正能够发现宗教生活和道德生活的根源，真正能够把握宗教和道德的构成要素，及其组合和变化的规律，那么科学不就能够引导人们去过一种真正合理的生活吗？

（2）社会创造自身

涂尔干认为，社会不是由神秘的存在创造的，它本身就是一种巨大的创造力量。如他所说，"认为在人性的起源中社会扮演了支配角色，并不是否认创造。社会就其倾向而言，具有任何已知事物无与伦比的创造能力"（Durkheim，1995：447）。那么什么是创造？"每一种创造力量，除了那个逃遁于科学和智力的神秘程序，事实上都是某种综合的成就。"（Durkheim，1995：447）于是，就如涂尔干在《宗教生活》一书中所展示的，人们既能够以理性的和抽象的方式来理解宗教生活的根源，也能够把握宗教生活的基本要素。当人们科学地掌握了宗教生活的本原和要素后，他们就可以利用这些知识，使得生活本身作用于这些要素，从而"把自身调整到一个较高的生活形式"（Durkheim，1995：447），也就是改变生活自身。因此，当科学指出道德和科学都源自宗教生活，指出世人不可能过一种没有宗教的生活时，这并不意味着人们必须去过一种"原封不动"的生活，而是教告世人，人们可以从旧的宗教生活中，创造出新的宗教生活，即一种能够把社会整体集合起来的，综合每个个人的激情和意志，综合每个个人的意识和表象的新生活。

（3）人的科学的新途径

涂尔干认为，社会学的使命就是为引导世人过一种理性的宗教生活，奠定知识的基础。过去的学说，"或者，试图通过把人的高等能力和专门能力同存在的较低形式联系起来的方式，来解释人（的高等存在形式）——把理性归之于感性，把心灵归之于物质——结果导致否认人的独有特性；或者，把人的特有能力同某种超出经验的实在联系起来，但这种实在只是人的假想，其存在与否并不能由观察确立"（Durkheim，1995：448）。这两种学说，前者否认世人必须过一种宗教生活，后者则把宗教生活置于"神秘"之中，都不能引导人们去过理性的宗教生活。所以，唯有社会学，它假定："个体之上有社会存在，而且社会就是一个（各种）积极力量的体系：它既不是唯名的存在，也不是心灵的创造物。"（Durkheim，1995：448）此外，这个凌驾于个体之上的东西，不仅是超个体的，还是可以具体经验到的实在，这就为人的科学开辟出一条新途径。以社会实在假说为前提，人们可能从中引出各种命题，并通过各种合理的方法，用事实予以检验。这就是涂尔干为之奋斗的社会学，也是涂尔干所实践的社会学。这种社会学的成果虽然是发现和肯定那个复杂的社会实在，但是它的目标无疑又是引导人们过一种理性的宗教生活。

三　两个理论的差别和联系：道德实践的权威性

从表面上看，涂尔干的两个道德理论的差别似乎是宗教在个体的道德中所起的作用问题，但是深入地看，人们会发现涂尔干的道德理论中有个一以贯之的东西，而正是这个一以贯之的东西，使他的两个道德理论既有区别又有联系。这个一以贯之的东西就是个体的道德实践所蕴含的权威（Nisbet，1965：59 - 73）。在涂尔干看来，道德行为的核心特征正是规范遵从所呈现的绝对必要性；它既是一种外在的必然限制，也是一种内在的绝对限制，这就是道德规范的权威性。

从道德实践的权威性来看，涂尔干在理性的世俗道德理论中，似乎总是在向我们展现道德权威的外在特征；而在宗教的理性道德理论中，他又似乎总是在向我们说明道德权威的本质和来源。

（一）　道德权威的外在特征

涂尔干在论述他的"理性的世俗道德"时，对道德的权威性质做了许多论述，这些论述似乎构成了一门权威的面相学。

1. 权威：规范的命令和个人的服从

在涂尔干看来，权威的首要特征是个人对规范的命令的默认和服从。我们之所以会按照某种规定的方式去行动，"不是因为被要求的行为对我们有吸引力，也不是因为某种先天的或后致的禀性使我们产生了这种倾向，而是因为在命令我们行动的权威中有某种强制作用。

服从就在于这样的默认"（涂尔干，2001：31）。从规范的角度来看，"所有规范都能下命令"，所有的道德规范都是"一种命令"。于是，所有有效的道德规范所下达的命令都要求得到服从，而丧失命令—服从特征的规范，就不再具有任何规范的性质了，因为"规范的本质就在于，人们必须服从它们，这不是由于它们有这种行为的要求，或这种行为会产生可能的后果，只是由于它们下达命令的缘故"（涂尔干，2001：36）。从行为者的角度来看，排除一切外在的、偶然的、利益的计算，服从规范所下达的命令，就是他的义务。他必须尊重每一条道德训令，而对道德训令的尊重无非是无疑义地、默默地顺从它的指引——"当它发号施令时，所有其他想法都必须退居其次"。这种命令—服从不是一种外在的人际过程，而是一种深刻的心理过程，是一种心理上的强制力量。一方面，这种心理上的强制力量压制着个人的激情和欲望，迫使个人按照规范引导的方式不去做某事；另一方面，它还激励个人，赋予个人愿望和目标，启发个人努力循着规范的道路去实现某种成就。

2. 权威的超人特征

涂尔干认为，权威具有超人的特征。给人们下命令的，使人们不得不服从的，在心理上强制人们去做或不去做的，不是抽象的事物，不是纯粹的观念，而是某种实实在在的高于任意个体的东西。"权威就是一个被提升得高于其他人的人所具有的性质，他是一个超人。"（涂尔干，2001：90）舆论即这个超人存在的一种方式。舆论一方面评判每个个人行事的道德性质，另一方面对个人行事中的恶予以指责，对个人行事中的善予以褒扬。舆论所做正是集体所为，它是集体的事物，它是群体的判断——"舆论是权威之母"。耀升是这个超人存在的另一种方式。这个超人的存在"能够把我们提升到经验自我之上、使我们超过我们同辈之平均水平"（涂尔干，2001：114）。也正是它赋予我们某种使命感和崇高感，使我们的言行具有动人心弦的力量。然而，无论是这一超人存在（力量）对我们行为的裁断，还是对我们个人存在的提升，都要依赖于我们同它之间的一种内在的情感，也就是，对它的归属感、依从感和忠诚感。

3. 权威与自由的统一

涂尔干指出，谈到超人存在的权威和道德规范的权威，并不就是否定个人的自由，而个人自由只是"得到确切理解的权威的女儿"（涂尔干，2001：324）。个人在履行自己的道德义务时，不能只是消极地，甚或是惯性地服从规范的命令，也不能仅仅出于对群体的依恋情感，还必须依赖理性的理解。人们不能把超人存在的权威仅仅视作应然之事，还必须"确信一切应然之物都是实然之物"（涂尔干，2001：114），并以此为基础，服从事物的秩序。盲目地服从道德规范的命令虽然不是不道德的，但至少不完全是道德的。完全的道德要求秉持以自由探索的精神对道德规范的权威、对超人存在的权威发出疑问。只有经历了自由的发问和艰苦的探索，人们才能理解和把握"道德秩序是在何种程度上构建在事物本性（社会本性）之上的"（涂尔干，2001：115）；人们才能看到社会中的反常因素，看到那些不以事物秩序为基础的道德秩序的存在，进而用恰当的手段和方法使其恢复到正常的状态。只有理解了超人权威的性质，人们才能放心地把自己交托给它（权威意味着信任），也才能自愿地服从于它；人们理应自由地渴求某种秩序，但是只有理解了秩序的根源，才能构建起合乎理性的秩序。因此，完全的权威意味着以对事物本性的理性理解和把握为基础，对那个超人存在所规定之命令的自愿服从和自由追求。

（二）道德权威的本质和起源

随着涂尔干对澳大利亚土著部落的图腾宗教体制的深入研究，他的权威概念又有了进一步的发展和变化。他似乎从权威的面相学进入到了权威的本质和起源。

1. 权威即社会的意志

在涂尔干的认识中，要说明权威的本质是什么，首先就要指明权威不是什么。涂尔干认为无可置疑的是，权威同身体强制正相对立。如果说社会是可能的，也就是说社会生活不可能单独地建立在身体强制的基础上，那么社会的正常运行就意味着身体强制的非常有限的使用。正如他明确指出的，"如果社会只能通过身体的约束（physical constraint）来要求让步（concessions）和牺牲（sacrifices），那么它就只能在我们心中唤起一种身体力的感觉，对此我们除了服从别无他法，而不能唤起一种类似于宗教崇敬（religions venerate）的道德力量（moral power）的感觉。然而，在现实中，社会是凌驾于个体意识之上的。它很少诉诸它的身体优势带给它的特权，而是诉诸它的道德权威。我们不可能简单地挑战社会的命令（society's orders），不是因为其拥有压制我们抵抗的手段，而是因为它是我们真正尊重（genuine respect）的目标"（Durkheim，1995：209）。

与身体强制紧密相关的是恐惧。所以在涂尔干看来，权威也同恐惧毫不相干。涂尔干在论述宗教的起源时着重指出"'世上的神最初源于恐惧'这一著名的说法没有任何事实根据"（Durkheim，1995：225）。事实上，"根植于图腾制度的情感是愉快的信念，而不是恐惧和压抑"（Durkheim，1995：225）。驱使人们投身于社会生活的内在冲动不是由庞大的利维坦所实施的暴烈强制和严厉规训带来的恐惧，而是另外的东西。

在否定了身体强制和恐惧之后，涂尔干明确地宣称，权威的本质就是社会意志在个体思想和行为中的体现。涂尔干说，"社会不能任由个人选择其类属（categories），否则社会就会瓦解其自身"（Durkheim，1995：16）。从个体生活的角度看，他们要生活在一起，就必须具有最小限度的一致性；从社会生活的角度看，社会为了持续自身的存在，就必须能够阻止对它的异议，就必须把自身的权威加诸其成员。

社会不仅要用外在的手段——公共意见（opinon）——来评判人们的思想和行为，更重要的是，它要从人们的内部抵抗个体可能随时发生的颠覆性冲动——这种冲动把人重新抛回到动物的状态。为此，"社会的权威必定会进入到思维的特定方式之中，进而使（特定的思维方式）成为所有共同行动不可分割的条件"（Durkheim，1995：16）。一旦社会把它自身的要求注入人们的心中，从外部来看，人们的思想和行为就表现出它们受到必然性的约制；从内部来看，个体无非是充分信任地接受社会的指导（promptings），无非是在服从社会的意志。

2. 双重必然性：道德原则和逻辑原则

从观察者的角度看，涂尔干指出，个体的思想和行为受到双重必然性的约制，一个是道德原则的必然性，另一个是逻辑原则的必然性。道德原则的必然性是个体在公共意见的监督和评判下，依照既有的社会规范，努力投入到社会生活中，为社会做贡献、做牺牲的必要性。这种必然性可以表现在，一个人的思想和行为如果违背了社会伦常，就一定要受到公众的一致谴责；如果他犯了罪，就一定要受到相应的惩罚。逻辑原则的必然性是类属的唯一性和因果的确定性。如果某个元素属于 A 类，且 B 与 A 完全没有交集，那么这个元素就不可能同时属于 B 类；如果事件 A 是事件 B 的原因，那么当 A 出现时，B 一定会出现。虽然道德原则和逻辑原则的必然性之间存在着相似之处，但是两种原则还是不同的事物。简单的证据是，一个精神失常的人做的错事可以归因于他无力实践逻辑原则，从而不能用道德的和法律的理由来裁断他和惩罚他。两种原则之间又有内在联系。因为对于一个精神和智力正常的人而言，他对道德原则的必然性的承认可能会强化他对逻辑原则必然性的追求，同时，他对逻辑原则必然性的认识也可能会提升其遵循道德原则的自觉性。简言之，"它们是同一属（genus）的不同种（species）"（Durkheim，1995：17）。

3. 心理能量

从自省者的角度看，两种原则及其必然性都是心理能量的结果。以道德权威为例。涂尔干指出，当人们出于道德权威而服从某个人时，人们并不是因为这个人明智，才将权威归之于他，而是因为人们内心既有的某种心理能量。这种心理能量同人们对这个人的观念具有内在的联系，人们一旦得到这个人的命令，就会自然触发有关该人的观念，该人的观念又会自然引出特定的心理能量。那种内在的、整个的精神压力就是人们可以感受到的尊重的情绪，正是这种尊重的情绪迫使人们的意志屈从，把一个人的个体意志转向他人所指示的方向。逻辑原则的必然性源自同样的心理能量。人们之所以会认为某个概念是真的，会在生活中使用这个概念，不是因为它是根据各种科学法则建立的，而是因为它是可信的，是因为它已经获得了权威。概念和科学的权威同道德的权威一样是同特定观念具有内在联系的尊重情感。用涂尔干的话来说，"两种原则的权威都有同一来源——社会。社会所激发的尊重化成了附有价值的思维方式和行动方式"（Durkheim，1995：371）。

4. 社会权威源于宗教生活

至此，人们可能会进一步追问，权威的心理能量是如何产生的？社会权威源于何处？在经过前文的分析后，答案已经呼之欲出。个体对社会权威的心理能量是集体激情在个体上的持续存在和振荡，而集体激情则产生于人们的宗教生活。集体的宗教生活就是，人们聚集在神的周围，聚集在神圣事物的周围，并以特定的仪式沟通人和神。在聚集的过程中，人们的情绪相互激荡，产生了平时世俗的私人生活不可能有的集体情感，而在宗教生活中，这种集体激情不可能不同神的观念和象征结合在一起，不可能不同仪式的特定行为方式结合在一起。因此，正是通过过宗教生活，社会（集体）才能够把尊重的集体情感编入个人的思维方式（集体表象）和行为方式（仪式所内含的集体程式）。由于在个体身上存留的集体激情不可能不随着时间的流逝（或者说私人的世俗生活的消耗）而日渐减少，人们有必要定期聚集起来，重新激发起他们的集体激情，为尊重的情感补充心理能量。

分析到这里，我们会发现，涂尔干是通过权威概念来思考他的道德理论的。当涂尔干只是从权威的面相学特征来思考道德的性质时，他确立的是理性的世俗道德。然而，他自己知道这个道德理论是不能令人满意的。因为，他没有回答权威的本质是什么，权威是从何而来，又是如何产生的。为了回答权威的本质和起源问题，他接受了史密斯及其学派的"启示"，通过深入解析澳大利亚图腾体制的要素，来寻找自己的答案。所以我们才会看到，涂尔干有两个既有区别又有联系的道德理论——理性的世俗道德理论和宗教的理性道德理论。

通过对涂尔干的两个道德理论的勾勒，以及对两个理论的差别和联系的分析，笔者认为，涂尔干实际上不是针对同一种道德事实提出两种理论，而是以道德事实为基础，试图回答道德事实的内部蕴含的两个递进的问题。下文，我们将进一步说明涂尔干想要回答的社会学问题。

四　两个理论背后的社会学问题

（一）两类道德事实的存在

在讨论涂尔干的道德理论背后实际的社会学问题之前，研究者还应当注意到一个基本事实，即涂尔干的道德理论实际上仅仅关注了一种类型的道德事实，同时，他似乎有意识地忽略了另一类道德事实。

读者如果对比一下涂尔干的两篇文章，一篇发表于 1887 年，题目是《道德的科学研究》，另一篇发表于 1906 年，题目是《道德事实的界定》，就可以发现涂尔干忽略了什么。在 1887 年的文章中，涂尔干写道："我们这门学科有自己的研究主题，而且同物理学家研究物理事实、生物学家研究生物事实一样，也有自己的事实；同时，还使用相同的方法。我们这门学科涉及的事实，包括民风、习俗、法律规定，以及法律条款所针对的经济现象；它观察这些事物，分析这些事物，比较这些事物，并由此逐渐达到对这些事物的规律的认识，即用规律去说明这些事物。"（Durkheim，1972）在 1906 年的文章中，涂尔干给出了道德事实的三个关键特征：义务性，即行为的规则系统的外在约束性；可欲性，即实践规则要求成为自己努力的目标；群体的实在性，即规则显示了群体成员同群体之间的内在联系（Durkheim，1953：35 - 62）。对比两篇文章，仔细的读者可以发现，习俗的概念在第二篇文章中消失了，而集体的概念（在涂尔干那里，群体、社会的内涵都是集体性存在）上升为核心的概念。或者可以说，在涂尔干的道德理论中，习俗的概念已经完全被吸收进集体的概念中了。问题是，作为道德事实之基础的习俗和作为道德事实之基础的集体，真的没有区别，真的可以融为一体吗？如果我们看一下基于习俗的道德研究，就会发现，从习俗的概念出发，道德事实可以同集体性无关。在此，我们可以看一下两个研究：一个是普里查德对努尔人的血仇制度的民族志研究，一个是皮亚杰对儿童的道德成长的研究。

在涂尔干的道德理论中，道德始终是一种具有整合作用的力量，也就是说，一个社会之所以团结在一起，是因为社会中的个体受到既存规范的约束。然而，我们在努尔人的血仇制度中看到了一种具有社会分裂作用的规范和规范实践。按照普里查德的描写，血仇是一种在努尔人中间实践的部落制度（Evans-Pritchard，1940：150 - 155）。这一制度实践包括三个环节——打斗、寻仇和赔偿。普里查德告诉我们，在其中的每一个环节上，以及每一方参与者都遵从着既有的规范；然而，正是各个环节上的规范要求和规范遵从，使整个血仇得以作为一种制度持续下去。打斗的双方都必须维护努尔人生存最紧要的道德，即成年男子的尊严和勇气；死者的父系和亲属有寻仇的义务，生者的亲属有保护和支持的义务；豹皮酋长要运用传统赋予的权威，保护生者，并努力达成双方的赔偿协议，维护整个社区和部落的长期存在。可是，根据努尔人的血仇制度，我们又该如何理解涂尔干的道德理论呢？在这种制度中，每个行动者越是遵从规范的要求，就越使得血仇成为世仇，越使得社区和部落面临分裂的危险。关键的悖论是，每个行动者对道德规范的遵从并不必然带来整体的团结或整个行动的协作。

皮亚杰通过儿童的协作游戏研究了儿童的道德发展的各个阶段。通过对弹球游戏的考察，皮亚杰发现，从规则实践或应用的角度看，儿童的规则遵从可以分成四个性质上有区别的阶段（皮亚杰，1984：1～122）。第一个是纯粹运动性质和个人性质的阶段。在这个阶段，儿童是按照自己的欲念和运动习惯玩弹球，纯粹是个人的玩耍，不带有社会性质。这个阶段的儿童完全沉浸在弹球和自己的运动所带来的愉悦中，并通过不断地试验和探索来定型化和仪式化自己的行为，从而形成某种格式（sheme）。第二个是自我中心阶段，大约发生在2～5岁。儿童从外边接受了玩的规则典范，开始模仿成年孩子的游戏范例，但他可能自己独自玩游戏，也可能同其他儿童一起玩游戏但不求胜利，也不试图把各种不同的玩法统一起来。在这个阶段，儿童一方面模仿别人，另一方面又单独运用接受的范例。第三个是协作阶段，大约发生在7～8岁。儿童开始运用统一的规则和玩法来一起游戏，而且都试图取得胜利。在这个阶段，儿童虽然能一切按照规则和玩法游戏，但他们对于一般规则的看法仍然是模糊的。第四个是规则编辑成典的阶段，出现在11～12岁。在这个阶段，儿童熟悉了游戏程序的每一个细节，而且还掌握了游戏的一般精神和实际准则。儿童规则遵从和规则意识的主要跳跃发生在第二阶段到第三阶段之间。在自我中心阶段，儿童虽然已经能够模仿范例，发展了共同游戏的兴趣，但他们依然沉溺在自己的乐趣和想象中，同时，他们认为规则是神圣不可触犯的，是成人生产的，是永存不变的，而且任何对规则的更改都被他们认作是犯罪。在协作阶段，儿童会协商出共同遵循的玩法，在同他人的共同游戏中获得快乐，会尊重玩伴和游戏本身，会根据比较抽象的公平观点来协商和改变规则。皮亚杰对儿童道德发展的研究的重要贡献在于，他告诉人们，儿童的道德发展，特别是他们之间的协作的达成，不是依赖于他们之间的集体感或团体友爱的建立，而是建立在游戏的规则、游戏的玩法、游戏的实践和游戏的观念之基础上。简单地说，作为一种习俗的游戏促成了儿童之间的协作，而不是儿童之间的团结促成了他们的游戏。

从上述两项研究中，我们可以认为，至少存在着两类道德事实，一类道德事实以习俗或游戏为基础，另一类道德事实则以集体性为基础。同时，我们不应当认为，涂尔干不熟悉或不清楚习俗的概念和研究。事实上，列维－布留尔在 1903 年出版了《伦理学与风俗科学》一书；孙末楠在 1906 年出版了《民俗论》一书。此外，涂尔干还非常熟悉美国实用主义者的著作，而美国实用主义者杜威的整个伦理学也是建立在习俗和习惯的概念基础上（杜威，2012：13~28）。所以，人们可以推断，涂尔干并非无意识地忽略了习俗的概念，而是有意识地把习俗的概念排除在他的道德理论之外。为什么呢？在此，笔者的推论是，因为涂尔干如果沿着习俗的概念前行，就会发现从中他将得不到自己问题的答案。那么涂尔干的真实的社会学问题是什么呢？通过前面的分析，答案已经呼之欲出。涂尔干的问题是同集体行动者有关的问题。

（二）集体行动者的问题

笔者认为，涂尔干首先向自己提出的问题是，是否存在一般的集体行动者，它与人们通常所说的个体行动者有着基本的区别。对此，韦伯并不认为是一个值得回答的问题。因为，韦伯在《经济与社会》中论述道："就社会学的目的而言，根本不存在那种可以行事，且具有某种集体个性的东西。在社会学的背景下，当人们使用诸如'国家'、'民族'、'公司'、'家庭'或'军队'，以及诸如此类的集体名词时，这些名词所指的，无非是实际的或可能的个人的社会行动之某种发展类型，而非真的有个集体的东西。"（Weber, 1964: 102）然而，对涂尔干而言，集体行动者绝不是一个想象的名称，而是一个实体的东西。为何涂尔干需要有一个集体行动者的概念，这可能既有涂尔干身处的法国所面临的现实问题的原因（Tiryakian, 1988），也有涂尔干接受的学术传统的原因（Jones, 1996）。由于这不是本文要关注的内容，在此就不予讨论了。现在，我们已经知道，涂尔干对这个问题给出了肯定的答案，即社会（一般的集体行动者）是自成一类的存在，是不同于个体（个体行动者）的存在方式。然而，这个答案在涂尔干的实际研究之前，还只是一个需要加以经验证实的猜想，一个需要用经验证据来支持的命题。那么如何证明呢？

在此，先看一下问题本身的结构和指向。这一问题首先涉及了两类行动者——个体行动者和集体行动者。个体行动者是一个想当然的存在，不仅在日常生活中，而且在学术讨论中，人们都很容易把他人看作一个行动着的个体。但是，集体行动者呢？它首先是一个个体行动者的集合，其次必须存在某种非同凡响的过程，这一过程使得集合中每个个体行动者的行动都受到集合本身的约制。换言之，假设有一个个体，如果他是某个集体的成员，他的行动方式同他不是任何集体成员的行动方式有质的区别。这里的问题难点在于：在经验中，人们只能看到一个又一个单独的个人的行动，虽然人们可以说某某家庭在做什么，某某团体在做什么，某某阶级在做什么，诸如此类。那么人们怎么才能看到集体的作用呢？

人们可以先行假定集体行动者是存在的，并由此推论作为集体行动者的一员，他的行动将怎样受到集体的约制，或者是他的行动同集体的要求相冲突时，集体是怎样做出反应的。因此，假定集体行动者存在，那么集体的任一成员的行动都要受到集体的调节、约束和激励。于是在一个假定的集体中，人们能够看到遵守该集体规范的正常个体行为，及违反集体规范的反常个体行为。同样，人们也能够看到集体对反常个体行为的反应、其他成员的舆论谴责，以及集体中某些成员代表集体本身对反常行为的惩罚。人们还能够看到集体如何引入新的成员，通过何种方式使新成员实现规范化，即成为一名正常的、合格的集体成员。人们也会看到两类自杀现象：作为集体成员的利他型自杀，以及不受集体控制的利己主义的自杀（迪尔凯姆，2001）。一句话，正是假定了集体行动者的存在，才会有集体成员的行为标准问题、集体成员的资格问题，以及集体成员的行为调控问题，而这些问题就是涂尔干的理性的世俗道德理论要回答的问题。作为集体的一员，他的道德，即他从集体的角度主动地控制自己的行为，以使自己的行为符合集体的预期和集体的利益。纪律，是他把集体要求当作自己的行为准则；依恋，是他使自己的行为符合集体预期的动力；良知，是他对自己所属集体的认可和尊重。在涂尔干看来，道德行为无非是受到集体约制的成员行为的理想模型。只有通过这个理想模型才能看到种种反常的和失范的行为，才能看到舆论和惩罚，以及教育等种种集体对个体成员行为之反应（Durkheim，2001）。

同样，假定集体行动者存在，就是假定集体意志存在，也就是假定集体意志对成员意志的作用，而这就是涂尔干所设想的权威概念（涂尔干，2003）。规范就是集体意志的体现，就是集体意志对成员意志的命令；规范的践行就是个体意志对集体意志的服从。这个对每个成员下命令的存在物，难道不是一个超人的存在吗？同样，一名模范的集体成员难道不是把集体的意志内化成自己的意志吗？作为集体的一员按照内化了的集体意志行事不就是自由的体现吗？同样，只有假定集体意志存在，人们才能看到种种违背集体意志的现象，比如不受集体意志约束的个体冲动，以及试图违背或反抗集体意志的暴力行为。

当涂尔干用经验研究显示了集体行动者的存在是自成一类的事物之后，接着就要问"一般的集体行动者是如何可能的"这一问题。也就是，在一定的环境中，一群分散的、孤立的个体行动者如何形成一个集体行动者的问题。涂尔干的新的道德理论就是对这一问题的回答。涂尔干指出，只有当分散的、孤立的个体从各自谋利的状态中走出来，围绕着一个集体的观念和符号，聚集在一起，从而发生情绪的相互激荡，产生一种不同于个体激情的集体激情时，一个集体行动者才可能出现。然而，集体观念和符号同集体激情的结合只是集体行动者形成的第一步。集体行动者形成的第二步是简单的集体观念和符号，以及聚合的集体激情演变为比较复杂和成体系的信念系统和仪式系统。信念系统将成为集体规范的观念基础，仪式系统也将成为集体成员的道德的培育体系。当集体行动者形成后，它就需要形成自己的意识，也就是集体意识或集体表象，并用它的集体意识去认识外在世界和处在世界中的集体自我。同时，它还需要把这一集体意识灌输到集体成员的心灵之中，使其成为集体成员意识的基本框架。

在新的问题下，涂尔干也必须重新设想集体意志（权威）的来源和它对成员的个体意志的作用问题。由于集体来源于集体观念和集体情绪的融合，所以权威本身就是集体成员对集体观念和符号的爱与尊重，也是对那些亵渎了集体观念和符号的行为的嫌恶或憎恨。从个体成员的角度看，权威就是集体激情滞留在其心灵中的某种能量。正是这种心理能量把他个人的感受和想法同集体要求和期待联系在一起。由此，无论是从集体意志的来源看，还是从集体意志的作用看，围绕集体观念和符号的反复的仪式化聚集都是集体行动者存在的必要条件。

五　余论：集体行动者作为一个问题

在阅读涂尔干的理论著作时，读者很容易接受一种流行的诠释，即把涂尔干看作一位关注人的道德的科学家和哲学家。当然，这无疑也是涂尔干努力想要其读者有的印象。然而，当读者从社会学理论工作的角度出发，即从经验现象和理论问题的结合出发，就不能不发现涂尔干的道德理论中令人疑惑的事实。一个事实是涂尔干自己发展出两个既有相当区别又有内在联系的道德理论。另一个事实是涂尔干有意识地把同习俗有关的道德现象排除在自己的道德理论之外，仅仅关注了同集体有关的道德事实。通过仔细梳理，笔者认为，涂尔干的道德理论所要解答的问题并不在道德事实的性质，而是在别处。涂尔干向自己，也向他的读者提出了两个相互关联的社会学问题。第一个问题是，是否存在与个体行动者的性质截然不同的集体行动者；第二个问题是，如果存在着由个体行动者构成的集体行动者，那么形成一个一般的集体行动者需要哪些基本条件。

哲学家苏珊·朗格曾说，"在哲学中，问题的意向是一个学派、一项运动，或一个时代贡献给哲学思想最重要的东西。问题就是一种伟大哲学的精神；在它的指引下，哲学的思想体系兴起、支配和隐没。因此，一种哲学的特质更多地是由它的问题的陈述所确定，而不是由它给予的答案所决定的"（Langer，1957：10 - 11）。因为，"一个问题就是一个含糊的命题"（Langer，1957：1 - 2），它的答案多少是在有限数量的方案中的选择，同时，问题的形式还决定了数据的来源，以及经验现象的选取。因此，笔者认为，作为一名社会学工作者，我们从涂尔干那里继承到的不仅仅是他的理论，更重要的是他的问题，以及他用以解决问题的方法。集体行动者的存在问题和可能性问题依然值得每一个社会学工作者严肃对待（Pedersen & Dobbin，

1997）。

最后，笔者认为，在涂尔干的经典研究之后，集体行动者的存在本身应当已不再是需要回答的问题，即研究者可以承认：集体行动者是自成一类的行动者。然而，在此基础上，研究者依然需要注意和探讨以下问题。

一是集体行动者的类型问题。集体行动者虽然是由个体行动者构成的，但是就像研究者不能先行假定个体行动者的同一性一样，集体行动者显然也存在着类型上的差异，比如组织作为集体行动者和国家作为集体行动者，显然在结构的原则、结构的规模、结构的复杂性，以及结构的过程和方式上都存在重大区别。

二是集体行动者的权威问题。权威是任何集体行动者之所以具有集体性的核心问题。然而，研究者可能还需要注意：首先，集体行动者对其个体成员的权威似乎并不排除集体行动者内部一部分成员对另一部分成员的压制，也并不排除成员之间的等级和不平等；其次，集体行动者内部的权威形成、权威机制和权威维续，始终是一个过程，是一个有待研究的问题，而不是一个固定不变的事物。

三是集体行动者的道德问题。研究者不能先行假定集体行动者就是比个体行动者更有道德性质的行动主体。事实上，在奥斯威辛集中营之后，集体行动者的道德本身就是一个需要研究者予以持续关注的问题。

四是集体行动者的前提条件。当研究者利用集体行动者的概念去理解和把握社会现实时，他们实际上蕴含了各种集体行动者的互动，也就是由集体行动者的行动和互动构成的场域。比如，由学派构成的学术场域，由组织构成的组织场域，由国家构成的国际竞争和联盟场域。这就意味着，研究者不可能单独地从集体成员和集体行动者的关系角度来探讨集体行动者，还必须把集体行动者同其他集体行动者的互动，以及互动发生的场域联系在一起。

参考文献

埃米尔·迪尔凯姆，2001，《自杀论》，冯韵文译，北京：商务印书馆。

爱弥尔·涂尔干，2001，《道德教育》，陈光金、沈杰、朱谐汉译，上海：上海人民出版社。

爱弥尔·涂尔干，2003，《孟德斯鸠与卢梭》，李鲁宁、赵立玮、付德根译，上海：上海人民出版社。

曹锦清、张贯磊，2017，《道德个人的生成路径——基于涂尔干与鲍曼社会理论的分析》，《河北学刊》第 6 期，第 183～189 页。

陈涛，2015，《道德的起源与变迁——涂尔干宗教研究的意图》，《社会学研究》第 3 期，第 69～95、243 页。

陈涛，2017，《社会学与伦理学的争执：涂尔干的道德科学》，《社会》第 6 期，第 71～104 页。

杜威，2012，《杜威全集·中期著作（1899—1924）第十四卷（1922）》，罗跃军译，上海：华东师范大学出版社。

皮亚杰，1984，《儿童的道德判断》，傅统先、陆有铨译，济南：山东教育出版社。

渠敬东，1999，《涂尔干的遗产：现代社会及其可能性》，《社会学研究》第 1 期，第 31～51 页。

张海洋，2000，《涂尔干及其学术遗产》，《社会学研究》第 5 期，第 21～29 页。

Alexander, J. C. 1986. "Rethinking Durkheim's Intellectual Development I：On 'Marxism' and the Anxiety of Being Misunderstood." *International Sociology* 1 (1)：91 – 107.

Alexander, J. C. 2005. "The Inner Development of Durkheim's Sociological Theory：From Early Writings to Maturity." in *The Cambridge Companion to Durkheim*, (eds.) Jeffrey C. Alexander and Philip Smith, pp. 136 – 159. New York：Cambridge University Press.

Durkheim, E. 1953. *Sociology and Philosophy*. London: Cohen & West Ltd.

Durkheim, E. 1972. "The Science of Morality." in *Emile Durkheim: Selected Writings*, (ed.) Anthony Giddens, pp. 89 – 107. New York: Cambridge University Press.

Durkheim, E. 1993. "Economists and Sociologists." in *Ethics and the Sociology of Morals*, (ed.) Robert T. Hall, pp. 58 – 88. Buffalo: Prometheus Books.

Durkheim, E. 1995. *The Elementary Forms of Religious Life*. New York: The Free Press.

Durkheim, E. 2001. *The Rules of Sociological Method: And Selected Texts on Sociology and Its Method*. (ed.) Steven Lukes. Basingstoke: Macmillan.

Evans-Pritchard, E. E. 1940. *The Nuer: A Description of the Modes of Livelihood and Political Institutions of a Nilotic People*. Oxford: At the Clarendon Press.

Ferrarotti, F. 1993. "Emile Durkheim: A Moralist Who Does not Believe in Contemporary Morals." *Social Compass* 40 (3): 429 – 435.

Isambert, F. 1993. "Durkheim's Sociology of Moral Facts." in *Emile Durkheim: Sociologist and Moralist*, (ed.) Stephen P. Turner, pp. 187 – 204. London: Routledge.

Jones, R. A. 1996. "Durkheim, Realism, and Rousseau." *Journal of the History of the Behavioral Sciences* 32 (4): 330 – 353.

Jones, R. A. 1977. "On Understanding a Sociological Classic." *American Journal of Sociology* 83 (2): 279 – 319.

Jones, R. A. 1981. "Robertson Smith, Durkheim, and Sacrifice: An Historical Context for the Elementary Forms of the Religious Life." *Journal of the History of the Behavioral Sciences* 17 (2): 184 – 205.

Kenny, R. W. 2010. "Beyond the Elementary Forms of Moral Life: Reflexivity and Rationality in Durkheim's Moral Theory." *Sociological Theory* 28 (2): 215 – 244.

Langer, S. K. 1957. *Philosophy in a New Key: A Study in the Symbolism of Reason, Rite and Art. 3. ed.* Cambridge, Mass. : Harvard University Press.

Lukes, S. 1985. *Emile Durkheim, His Life and Work: A Historical and Critical Study*. Stanford: Stanford University Press.

Lévy-Bruhl, L. 1953. *La morale et la science des mœurs*. Paris: Press Universitaires de France.

Marske, C. E. 1987. "Durkheim's 'Cult of the Individual' and the Moral Reconstitution of Society." *Sociological Theory* 5 (1): 1 – 14.

Miller, W. 1996. *Durkheim, Morals and Modernity*. London: UCL Press.

Nisbet, R. A. 1965. "Emile Durkheim." in *Emile Durkheim*, (ed.) Robert A. Nisbet, pp. 9 – 102. Englewood Cliffs: Prentic-Hall.

Parsons, T. 1996. "A Behavioristic Conception of the Nature of Morals: Term Paper Philosophy III March 27, 1923." *The American Sociologist* 27 (4): 24 – 37.

Pedersen, J. S., and Frank Dobbin. 1997. "The Social Invention of Collective Actors: On the Rise of the Organization." *American Behavioral Scientist* 40 (4): 431 – 443.

Rawls, A. W. 2012. "Durkheim's Theory of Modernity: Self-Regulating Practices as Constitutive Orders of Social and Moral Facts." *Journal of Classical Sociology* 12 (3 – 4): 479 – 512.

Shilling, C. and Philip A. Mellor. 1998. "Durkheim, Morality and Modernity: Collective Effervescence, Homo Duplex and the Sources of Moral Action." *The British Journal of Sociology* 49 (2): 193.

Shilling, C. 2005. "Embodiment, Emotions and the Foundations of Social Order: Durkheim's Enduring Contribution." in *The Cambridge Companion to Durkheim*, edited by Jeffrey C. Alexander and Philip Smith, pp. 211 – 238. Combridge: Cambridge University Press.

Sumner, W. G. 1907. *Folkways: A Study of the Sociological Importance of Usages, Manners, Customs, Mores, and Morals*. Boston: Ginn & Company.

Tiryakian, E. A. 1988. "Durkheim, Mathiez, and the French Revolution: The Political Context of a Sociological Classic. " *European Journal of Sociology* 29 (2): 373 – 396.

Weber, M. 1964. *The Theory of Social and Economic Organization.* (ed.) Talcott Parsons. Glencoe: The Free Press.

White, M. 2013. "Habit as a Force of Life in Durkheim and Bergson. " *Body & Society* 19 (2 – 3): 240 – 262.

习俗的观察与描写

——基于马林诺夫斯基的民族志实践的考察

一 习俗的重要

先秦典籍《逸周书·卷一》上说，"民生而有习有常，以习为常，以常为慎。民若生于中"（牛鸿恩，2015：24）。这句话的大意是：民众生下来就处于各种习俗之中，并且有其一贯的性情。习俗造就了他们的一贯性情，而一贯的性情又显得那样的自然，民众就好像天生就如此。这里古人传递给我们一个很有意思且很具冲击力的观念，即人的性情不是天生的，不是本有的，而是由他们生活于其中的习俗造成的。

美国社会学家孙末楠在其名著《民俗论》中写道："人始于其行，而非成于其所思。"（Sumner，1907：2）这里的行，就是某一地域内众多民众同处于其中的风俗。他还指出，风俗是一种社会力量，同时，正是这一力量造就了那个社会之所以具有的那个社会的特性。此外，这一社会力量并不是显现于民众的意识中，而是潜在于他们的无意识（更恰当的可能是底层意识）中的。

维特根斯坦在说明路标的使用时指出，"一个人之所以会根据路

83

标来走路，只是因为那里存在着路标的经常使用，也就是一种习俗"（Wittgenstein，1968：80）。在同一本书的另一处，他更明确地指出，"遵守一条规则，做一个报告，下达一项命令，或者玩某种棋类游戏，都是习俗"（Wittgenstein，1968：81）。此外，他还指明，"任意一个意图都嵌入它的处境，即嵌入人类的习俗和制度"（Wittgenstein，1968：108）。

由此，我们似乎可以做出如下断语：具体的习俗造就了具体的行动者。具体行动者生于其中、长于其中的习俗造成了他们基本的行为模式、情感模式和思维模式，所以要把握和理解一地民众的能力、意图、情感和思维，就需要首先把握和理解他们置身于其中的习俗。于是，我们就面临一个必须要解决的问题：如何才能理解或者说较为（更加）客观地把握一地一时具体的民众习俗。这个问题还可以进一步变换成，在既有的学术传统中是否存在已有的研究成例较为客观、较为有效地揭示了某种习俗。也就是，是否存在着典范性的研究可以用来效法，并进一步地以它为基础，提出更有效的方法原则和相关的准则。

本文以马林诺夫斯基的《西太平洋上的航海者》（以下简称《航海者》）一书的写作和田野调查为基础，考察他研究一个地域的习俗和制度的具体方法，并在此基础上进一步考察其中蕴含的方法论问题，以期对一地一时具体的民众习俗的全面理解和深入把握有所贡献。由此，本文分作以下几个部分：第一部分梳理马氏在《航海者》一书中运用的描写方法、他的田野反思、理论视角和田野实践；第二部分通过马氏的日记和传记勾勒他观察和描写的实际过程；第三部分以前两部分为基础，就若干方法论的问题，进一步批判地考察马氏的研究实践；第四部分，笔者认为，继承了马林诺夫斯基传统的"精细描写"为习俗的观察和描写提供了一个新的方法论基础。

二 库拉体系的观察、描写

对一个局部地区的习俗和文化做系统的考察和再现的研究方法，被称作民族志（Hammersley，1992；Hammersley & Atkinson，2007）。马林诺夫斯基即使不是现代民族志的发明人，也算是现代民族志最重要的革新者（马库斯，2006；Stocking，1992）。20 世纪初，他在特罗布里恩德群岛从事的系统的田野工作，以及他后来基于其细致观察和记录写成的多部著作和多篇论文，系统而生动地再现了一个地域的生产和生活、经济和贸易、信仰和巫术、婚姻和死亡、战争和政治等各个方面。他关于民族志调查方法的系统反思，构成了现代民族志田野工作的基本规范（Firth，1957）；而他关于一个地域中各项习俗和制度构成一个有机整体的观点，则奠定了现代功能主义信条的基础（Richards，1957）。他的功能主义观念或者早已被视作无效的东西（Leach，1957），他对习俗和文化的再现方式或者早已被诟病（克利福德，2006；Clifford，1983），甚至他树立起的民族志工作者的形象也被作为神话的东西剥去了权威（Geertz，1967），但他的实践（田野工作和写作）创造出来的可能性并没有被穷尽。对某一地域的一种或多种习俗的系统的理解、把握和再现，可能依然要建立在对马氏的实践的分析和反思的基础上。

在此，本文不准备涉及马氏的全部著作，而是围绕他对特罗布里恩德群岛同周边地区的库拉所展开的调查和写作实践，予以较为全面的分析。这既是因为库拉活动是《西太平洋上的航海者》——现代民族志和文化人类学的最重要的著作（扬，2013）——的主题，也是因为库拉活动被法国人类学家和社会学家莫斯（2002）视作基本的人类学概念"总体的呈献"的一种表现。由于上述两点，笔者可以在马氏的风格和莫斯的范式之间进行比较，从而更清楚地展示马氏的优势和不足。另一个原因是围绕马氏研究过的库拉活动，后来的人类学家展开过许多新的研究，进一步揭示出马氏研究中的不足，为我们开展方法上的反思提供了新材料和新基础。

在马氏的笔下，虽然库拉的形式定义是"一种在相当广阔范围内的，以及具有部落间特征的交换形式；它由居住在广大的环带岛屿的许多社区的居民进行，从而形成了一个闭合的环"（Malinowski，1932：81）。但更为重要的是，库拉是以两种没有实用价值的财富物品的定向流动和暂时占有为核心，由众多库拉社区的越洋冒险活动构成的"非常大型且复杂的制度"，这一制度不仅覆盖了广阔的地理区域，涵盖了众多部落，还包含各种各样相互关联、互相作用的互动，"从而形成一个有机整体"（Malinowski，1932：83）。马氏用了一整本书，即正文近500页的篇幅，详尽描绘了这一复杂习俗的全景图像，而这一活动的全景是任何一个参与其中的土著既无从知晓也无法理解的。在《航海者》一书中，马氏用前三章对库拉活动的背景、库拉的性质和一般特征进行了概要的介绍，其中第一章介绍了库拉活动的地理范围、涉及的部落和地域习俗等，第二章介绍了马氏用以观察和描写的视角的基础——特罗布里恩德群岛的土著人，第三章概述了库拉的各项要点。在随后的各章中，马氏以一次想象的、典型的和完整的库拉活动为线索，逐步介绍了远洋独木舟的性质和建造，与独木舟相关的巫术和庆典，越洋库拉的各种预备馈赠和交易，库拉船队的组织、航海技能和知识，库拉航程中的各种巫术和神话、传说及故事，宝物交换的仪式、规则和惯例，以及各种附属贸易，等等。由于本文的目的是分析马氏研究库拉活动的方法，而非库拉活动本身，所以笔者就不再赘述马氏对库拉内容的再现，而转向马氏的方法本身。下面，笔者将从四个方面来具体分析马氏用以研究库拉的方法，首先是他的描写技术，其次是他的田野反思，再次是他的理论视角，最后是他的田野实践。

（一） 马氏对库拉活动的描写

马氏对库拉活动的研究令人印象最深刻的地方，是他对库拉活动的全景式再现，也就是他动用了各种描写技术，展现出库拉所涉及的各方面活动的"细节"（details）。那么马氏运用了哪些描写技艺呢？笔者根据《航海者》一书归纳为四大类描写技术：程式描写、归纳描写、情境描写和印象描写。下面，笔者就逐一说明这四种描写技术。

1. 程式描写

马氏用程式描写来再现单个行动者或一群行动者的某种具有"技艺和技术"性，并依照特定的方法和程序展开的活动。这些活动包括两大主题：一是巫术仪式，二是手工制作。例如，《航海者》的第五章"瓦加的礼仪性建造"中的第二节描述了选择和砍伐建造独木舟的树木和初步建造的整个过程。当土著在珊瑚脊的丛林中选好了合适的树木后，"托利瓦加、造船师和几个帮手便会赶到那里。他们伐树前，必须举行一个预备性仪式——在树干上切一个小口，然后，在切口里放一点食物或槟榔，这是给托奎（树精）的供品，然后巫师念诵下面的咒语……"（马林诺夫斯基，2017：181）。马氏不仅记录和再现了咒语的具体内容，还说明了土著人对咒语内容的解释。马氏在这一节还详细描写了砍伐的过程、修剪原木的过程、食物分享的过程，以及把原木搬运回村庄的巫术仪式，以及后续独木舟初步建造的各个阶段和相关的巫术仪式。通过这种逐步的、阶段性的描写，马氏把整个独木舟建造的选材、搬运和初步加工的工作流程和相关的巫术仪式，清晰地展现在读者眼前。这类以巫术仪式为核心的程式描写占据了《航海者》一书的大部分篇幅。《航海者》一书另一程式描写的主题是手工制作，它占的篇幅虽然很小，但是从描写上看，更加细致。最鲜明的例子是第十一章第三节中对老妪制作陶锅技艺的描写。马氏写道："关于制陶的工艺，方法是先将黏土大致塑形，再用刮刀拍打，接着用贻贝贝壳把器壁刮成要求的厚度。具体来说是这样的……"（马林诺夫斯基，2017：379）。这一部分不仅有对具体制作过程和方法的描写，为了清楚地展现，还附有三张照片。

2. 归纳描写

在此，笔者把《航海者》一书中马氏对库拉活动所涉及的行为、关系、物品和信仰进行的分类描写和特征描写统称作归纳描写。马氏在描写的过程中，还常常辅以说明或解释（应当注意到，马氏对关注的对象做归纳描写的同时，还加入了理论分析，或者说，马氏习惯用对事物的描写来带动他的理论分析。这也算是马氏的一个风格特征）。在这一描写方式下，马氏涉及的主要议题包括：独木舟的技术要点（第四章第二节），独木舟所有权的社会学（第四章第四节），独木舟的类型和村庄分布（第四章第五节），集体劳动的组织和形式（第六章第二节），各种馈赠、酬劳和商业贸易的类型及土著人之间经济关系的类型（第六章第六节、第七节），土著的越洋航行技术和知识（第九章第二节），库拉的社会学（第十一章第二节），地域的工业分工和商业垄断（第十一章第三节），神话、英雄传说和故事（第十二章）。这些描写篇幅虽然未必都很长，但构成了马氏对整个库拉活动的描写的主体，为读者全面地理解库拉活动奠定了基础。例如，马氏在第六章第六节，以纯粹馈赠为一极，以纯粹的以物易物为另一极，把土著人之间物的流动和交换，分作七种不同的形式（中间包括：不严格等值的习俗性馈赠、服务酬劳、等值的馈赠、物品或非物质财产的交换、礼仪性以物易物），并就每一形式下的社会关系的性质、涉及的对象，以及发生的一般情形做了"素描"。这一描写虽然不涉及任何具体的行动者和行为，也没有具体的场景，但是很能表现该地域物质交换的全貌和一般特征。

3. 情境描写

在马氏的描写中，最能将读者带入进去的，是他以第一人称代词

"我"的方式，对他看到的情境的描写。这种描写具有"眼见为实"的特征，它的内容通常是土著的庆典活动。例如，第六章第一节对独木舟下水礼的描写，马氏写道："要具体说明与独木舟的建造和下水相关联的礼仪，最好讲述一个真实的案例。因此，我将描述我于1916年2月在考卢库巴沙滩上看到的塔萨索里阿，当时下水的是卡萨纳伊的一只新独木舟。"（马林诺夫斯基，2017：211）然后，马氏不仅交代了这一具体的庆典活动的背景，而且还按照事件发生的时间顺序，从他自身的视角，记叙了整个庆典活动的每一个具体的场景和行动序列。马氏通过他的具体而微的情境再现，把读者也带入到他曾经置身其中的活动，这时读者似乎在用自己的眼看到了那一具体庆典的开展。这种描写方式的另一个典型，是第十一章第一节对特罗布里恩人拜访阿加锡的一次库拉行动的场景描写。其中，最精彩的是马氏不仅描写了两个交换伙伴的具体行为，还详细地再现了两人之间的对话。读者通过马氏的笔，不仅有所见，还有所闻，从而切身地感受到事件的具体性和真实性。

4. 印象描写

马氏还有一种"主观"的描写，但它描写的不是土著的人和事，而是这些人和事发生的自然环境。在这种描写中，马氏把自身对自然环境的感受，想象成土著对他们所处自然环境的感知。当然，马氏用这种描写，同样让读者切身地感受到库拉活动发生的自然条件，从而增进了读者对库拉及库拉巫术和神话的理解。例如，第九章第一节对皮洛卢海湾航行周边的描写。马氏写道："暗绿色的海水时而因海底又高又密的海草荡漾出一块棕色，时而又变成了明亮的翠绿色，海底里的沙子清晰可见，但很快，这些都变成了深海折射出的深绿色……"（马林诺夫斯基，2017：300～301）又"我坐在那里，望着南方的山脉，它们是那么清晰，但却难以接近，我突然感受到了土著人必定能感受到的那种情愫"（马林诺夫斯基，

2017：303）。恰恰是通过对库拉发生的自然环境的印象式的描写，马氏迫使读者同他一道思考事件或行动发生的自然条件对事件发生的内在动力（行动者的动机和情感）的影响，而这种影响在抽象的理论思考中常常被忽略了。

（二）马氏的田野反思

在弗雷泽为《航海者》一书写的序言中，他首先热情洋溢地肯定了马氏在调查方法上的创新，认为马氏"在最佳条件下，并且是以预计最有保证得到最好结果的方式进行的"，还充分肯定马氏的写作，充分考虑了"人性的复杂性"（the complexity of human nature），好似"伟大的艺术家，如塞万提斯和莎士比亚"，因为他笔下的人物"是立体的，是从多方面而非一方面描绘的"（Malinowski，1932：vii - xiv）。在弗雷泽看来，《航海者》一书无疑是对特定的土著生活"最完整的和最科学的说明之一"。那么马氏何以能够如此全面和细致地描写一种特殊制度的各个方面呢？他又是如何实现了现代民族志的革命呢？虽然对自身工作方法的反思已经成为任何以经验调查为基础的社会科学学科实践的一个组成部分，但是很少有学者像马氏一样，不仅一以贯之地对自己的调查方法予以彻底的反思，还把自己的整个研究工作建立在方法反思的基础上。此处，笔者就对马氏的方法反思做一简要的概述。

1. 生活于其中

实际地生活在一种习俗之中，无疑是马氏民族志研究的第一原则。在马氏之前，民族志调查的通常做法是依赖调查地的当地信息人（informants）提供的信息。这些信息人主要包括殖民地的行政官、传教士和商人，以及为这些人服务的，操持着"洋泾浜"英语的土著居民。就前者而言，马氏认为，他们首先缺少专业训练，不习惯以相当的一致性和精确性来形成自己的思想观点。更不利的一方面是，他们由于自身的工作而对土著及其生活充满偏见和先入为主的意见。因此，马氏认为，为了追求事物的客观性、形成对事物的科学认识和科学判断，就不能依赖这些信息人的信息。为了"唤起土著的实际精神，以及部落生活的真实画面"，首先就需要民族志工作者在没有白人伴同的情况下，生活于土著之中。马氏用自己的经历指出，生活于一种习俗之中，首先意味着与之接触。远离自己熟悉的人群和习俗，进入到一个陌生的生活之中，自然地寻找人群聚集的地方，融入地方的生活，通过"自然的交往"来理解他人、熟悉他人的习俗和信念。其次，生活于其中意味着取得一个特殊的角色。依照马氏的说法，就是让土著明了："我会探询所有的事，甚至那些行为端庄的本地人做梦都想不到的事，然后，他们只好把我当作他们生活中的组成部分，一个不可避免的灾祸或讨人厌的东西，而这种令人避之不及的情感只有当奉送了烟草之后，才有所缓和。"（Malinowski，1932：8）最后，生活于其中意味着能够遵守其习俗，能够与之游戏和娱乐。马氏陈述自己的经验道："我必须学习如何行事，于是，在一定程度上，我获得了对土著而言，好行为和坏行为的'感觉'。以此，再加上能够享受他们的陪伴，加入他们的游戏和娱乐，我开始感到，我真正地接触到了土著……"（Malinowski，1932：8）。长时间地生活在一种地方习俗之中，真正地接触本地人和参与到当地的生活之中，学会当地人的行为方式，无疑是马氏民族志工作的第一要义。

2. 本地语言的全面掌握

对土著语言的研究在马氏之前已经是民族志的一个传统了，特别是博厄斯的研究，为后来的民族志语言学树立了典范。不过，强调通过学习和掌握本地的语言，用本地的语言作为开展田野工作的基本条件，并把这一基本条件作为民族志田野工作的基本原则，却是马氏的一大贡献。马氏自己反思他对基里维纳语的掌握，认为可分为三个阶段（Malinowski，1966）。在最初的阶段，他研究了这种语言的结构，熟悉它的习惯表达方式和一些词语。在这个阶段，他还不能用这种语言开展工作，还必须依赖"洋泾浜"同本地人交流，还要依赖翻译把土著的术语变成能理解的英语。第二个阶段，他能够用基里维纳语直接同他的信息人对话，同时能够很容易听懂土著之间的对话。第三个阶段，他能够毫不困难地用这种语言记录田野笔记，完全听懂土著之间的日常闲谈。马氏认为，"对任何土著语言的完全掌握，对于熟悉土著的生产生活方式和文化安排极为重要，远胜于记下长长的单词表和简单的语法与对句法的掌握"（Malinowski，1966：453）。

3. 积极的方法

在田野中，马氏认为一个成功的民族志工作者，"不能只在恰当的地点张网，等待鱼儿进入。他还必须成为一个积极的猎人，或者能够驱策猎物进入罗网，或者能够循着猎物的踪迹，深入其隐秘的巢穴"（Malinowski，1932：8）。那么积极的观察如何可能呢？第一，民族志工作者需要在理论方面训练有素。用马氏的话，就是他必须"既要在知识上接受科学研究的最近成果的启发，也要受到其原则和目标的启迪"（Malinowski，1932：8）。但是，他又不能有先入之见，因为"在任何科学工作中，先入之见都是有害的，但预示理论成果的问题则是科学思考者的主要才能，而观察者只有通过理论研究才能向自己提出这些问题"（Malinowski，1932：9）。第二，对文化现象进行全面调查。马氏说，"民族志田野工作首要的和基本的理想是对一地的社会构建方式给出一个清晰且固定的轮廓，并把所有文化现象的法则和规范从无关事项中分离出来"（Malinowski，1932：10－11），为此，他就必须"严肃且警醒地调查所研究的部落文化的全部方面，而不论它是日常所见的，单调乏味的，普普通通的，还是引人震惊的或稀奇古怪的"（Malinowski，1932：11）。第三，要实现对一地文化的全面调查，就必须将自己的理论问题变成有关调查对象的具体问题和实际案例。这既是因为土著没有书面或表达清晰的法典，也是因为他们只是依照传统和惯例生活于自己的习俗之中，但看不到他们生活于其中的整个制度、结构和原则。因此，调查者就需要通过想象的或真实的案例，激发他的问询对象表达自己的观点，并提供大量信息，还要引导他们谈论相似的案例，回忆其他真实的案例，讨论某个案例的所有方面和影响。第四，除了问询之外，调查者还必须去观察实际生活和典型行为的不可计量的方面。这些不可计量的方面可能包括："一个人日常的种种惯例，照料身体的细节，进食和备食的具体方式，发生在篝火边的对话和交往氛围，强烈的友谊或敌意，一闪而过的同情或厌恶，通过个体的行为以及他周围的人对他的情绪性反应而显示出的个人虚荣心和野心。"（Malinowski，1932：18 - 19）因为，"这些实际生活中虽不可计量却又非常重要的事实，正是社会结构的真实性质的组成部分，它们形成了无数的线索，把家庭、氏族、村落和部落结合在一起"（Malinowski，1932：19）。第五，写作和观察的滋养极有价值。这是因为写作意味着材料的归纳和反思，意味着发现材料中的不足和理解中的缺陷，意味着进一步观察的必要和新问题的提出。马氏在另一部著作中，还把他的积极方法称作"攻击"（attack）（Malinowski，1966）。马氏指出，他自己进行了三个层面的攻击。第一个层面可称作"表面攻击"（surface attack），只涉及文化现象的表层，或单一事项。进一步的攻击，则在于分析各种制度性事实之间的相互关系。最后的攻击则意在把握"整个的部落生活"（a whole within tribal life）。显然正是这种逐层地、递进地对一地习俗的攻击，构成了马氏的"积极的方法"的总原则。

4. 工具的发明

在田野中，民族志工作者不仅要善于观察和记录，还要善于把观察和记录的资料汇总在一起，变成研究每一对象的全面事例的工具。这就需要有工具的发明，特别是各种概要表格（synoptic chart）。这些表格既可用作研究的工具，也可作为民族学档案。利用这些档案及实际互动的研究，可清晰地勾勒出当地各种习俗的清晰框架。马氏将这一工具的发明称作"借助具体证据的统计档案法"。

5. 忽略和不足

马氏在《珊瑚岛上的园圃和巫术》第一卷的附录中，系统地梳理了他在田野中可能的忽略和不足。马氏总结的忽略和不足大体有三种情况。第一种情形是对研究对象的理论认识的不充分。例如，马氏在反思中承认，库拉作为一种文化活动，在很大程度上取代和替代了猎头活动与战争行为。但是，在《航海者》一书中，库拉的政治性在描写中是缺失的。此外，马氏自己还认识到，他严重地忽略了欧洲殖民活动对土著文化的影响，而这正是"人类发展中最重要的历史事件"，所以"忽略此一研究无疑意味着没能担负起人类学最重要的一项任务"（Malinowski，1966：481）。第二种情形是其他知识的缺乏。马氏认为自己关于植物学知识的缺乏，影响了他对土著的种植活动的全面理解和研究。第三种情形是对日常生活细节的忽略。马氏写道："对'明显的'、'每天都发生的'以及容易获得的事物的记录是我的田野工作很大的缺失之一。这些事做起来本来没有任何难度，如果做了，就能产生非常众多的理论洞见。"（Malinowski，1966：463）马氏意识到自己在实际的田野中，就像通常的民族志工作者一样，"被戏剧性的、例外的和让人激动的事物迷住了"（Malinowski，1966：462），没能够记录下最重要的一类谈话——发生在日常活动中的对话。

（三）马氏的理论视角

在《航海者》一书中，马氏实际上不是有意识且严格地限制自己对他观察和记录下的事物做理论上的概括和阐释，而是以一定的理论视角为基础，尽量全面地描写研究对象。① 马氏用来指导自己对库拉

---

① 马氏在《特罗布里恩德群岛上的耕种和农业仪式》一书中有关方法的附录中，明确地表明，他自己在民族志描写中有意识地限制了理论阐述。这可能表明了他的认识论取向。

的观察和描写的理论视角有四项：原始经济学、巫术和信仰的作用、对心理的关注，以及各项制度的整合。

1. 原始经济学

马氏写作《航海者》一书最主要的出发点似乎意在推翻他所处时代的"原始经济人"（primitive economic man）的概念①。"原始经济人"以想象、猜测和偏见的方式，认为原始人的行为一方面受到理性的自利思想的驱动，另一方面又试图以最小的努力直接达成目标。而马氏通过自己的观察和思考认识到，特罗布里恩德群岛人的经济活动具有较强的复杂性、社会性和传统性。他们的经济活动既不是为了满足其当下的需要，也不是为了直接的效用目的。如果要理解土著的经济活动，就需要全面和彻底地观察他们经济活动的实际开展情况，以及经济活动同其他制度性活动的关系。就库拉而言，其就涉及：土著的酋长制，独木舟的制造和所有权，宝物的制造和临时占有，远洋船队的组织和远洋活动，各岛屿和部落的劳动分工和垄断地位，经济上的伙伴关系和交易关系的建立，巫术和信仰在各项活动中的作用，还有库拉物品的庆典式给予，以及与整个库拉活动相关的各种各样的禁忌。马氏并没有向他的读者说明土著的原始经济学是什么，而是用他自己的全面观察和记录，用他对库拉活动的多样化和多层次的完整描写，即通过他对原始经济活动的再现，让读者去领会原始经济的习俗性质。

2. 巫术和信仰的作用

恐怕很少有民族志作品像《航海者》一书那样，完整地记录和呈现了与库拉活动相关的各种巫术仪式和咒语，以及相关的神话和传说。马氏这样做的目的无非是发展和展现自己关于巫术和信仰在土著生活中的作用的理论。简要地说，马氏的巫术理论有这样几个关键

---

① 马氏在《航海者》一书出版前，已于1921年发表了《特罗布里恩德群岛人的原始经济学》一文（Malinowski，1921）。

点。其一，就巫术本身而言，巫术总是成体系的，比如有一整套的园圃巫术，一整套的与独木舟相关的巫术，一整套的航海巫术，一整套的与库拉相关的巫术。其二，巫术仪式的核心在于巫术的咒语的力量，而非巫师本人的着魔状态。其三，巫术对于土著的生产和生活具有使其有序化、系统化和管理的作用，这也就构成了酋长和巫师的权威和声望的来源。其四，与上一点相关的是，巫术并不是私人的事务，而是具有社会和集体的性质。其五，巫术既不是原始人前科学的成果，也不是原始思维的结果，它作为一项技艺面对的是原始生活中各种不可控的灾害和机会，即各种各样偶然的东西。相比于巫术的调查和写作，马氏在《航海者》一书中，仅用一章集中考察了神话问题，他的神话理论在此表现得既简单又明确："神话具有固定习俗、核准各种行为方式、赋予某种制度以庄严和重要性的规范性效力。古代故事为库拉活动之极端重要和极富价值打上了印记。商业信誉的规则，在所有操作上的慷慨和谨遵礼节的规则，也都由此而获得其约束力。"（Malinowski，1932：328）

3. 对心理的关注

马氏还特别重视考察土著的心理特征。他指出，"一个屈从于各种习俗性义务的人，在遵从某种传统的行动过程时，既受着某些观念的指导从事于此，又必定受某些动机的驱使，从而伴有特定的感情。这些观念、感情和冲动都因其所处的文化而受到规范和调节，因此是该社会的一个民族特性"（Malinowski，1932：22）。在马氏看来，库拉活动一个内在的方面是土著的虚荣心和雄心。马氏认为，土著的工作、远洋冒险和库拉交换必须受到某种有效的激励，即"他必须受到部落标准加之于其身上的某些义务的触动，必定受到习俗和传统所指示的价值目标和雄心壮志的诱导"（Malinowski，1932：156）。而土著的义务感、价值感，以及他们的虚荣和雄心都只能通过他们的种种日常行为、相互的言谈、巫术仪式或神话传说来予以体现和再现。

4. 制度的整合

在写作《航海者》一书时，马氏虽然还没有明确地表达出他的功能理论，但是他已经指出，习俗、传统和制度从来不是单一的事物，而是关联在一起的。就像库拉，它由主要交易、次要活动和关联活动共同构成，而这些活动的优先关系，又是由整个库拉体系内在决定的。这种制度的整合观点既是出于调查的需要，也是有序再现的要求。马氏一方面把"所有制度的起源问题、发展问题或历史问题"排除在他的民族志描写之外（Malinowski，1932：100），另一方面又指出，科学"必须分析和归类事实，从而把它们安排成一个有机的整体，把它们合并到各个系统中的一项，而这些事实的系统则试图将显示的多个方面归类分组"（Malinowski，1932：509）。

（四）马氏的田野实践

通常读者只能通过作者的作品，来揣测作者的工作意图、工作过程及其困难和忽略的内容，很少能够接触到作者的工作实际。然而，这一点对马氏及其作品来说，是不成立的，因为马氏在其工作的整个过程中，遗留下了大量的痕迹（扬，2013），可以供后来的研究者考察他实际的工作情况，特别是那些他的反思同他的实践不一致的地方。马氏在自己调查期间写下的私人日记（马林诺夫斯基，2015），完全颠覆了马氏通过自己的作品为自己树立的"田野工作之父"的科学形象。格尔茨在读过马氏的日记后，指责他是一个"坏脾气的、自我陶醉的、患有疑病症的自恋者，他对与其共同生活的土著人的同情极其有限"（Geertz，1967）。那么这样一个难以与人相处的人，是如何成为一位伟大的民族志工作者的？在此，我们根据马氏的私人日记和扬关于马氏的传记，来看一下马氏的研究实践。

1. 科学的兴趣与马氏的雄心

在《航海者》一书中，读者看到的是一个受到所要研究的事物

（土著的独特生活，他们的宗教和巫术，他们的劳动和娱乐，他们的思想和感情，他们的各方面独特的习俗和制度）本身的吸引而全身心投入其中的民族志工作者的形象。但是，在私人日记中，马氏在田野之中不仅深受其对"文明"世界的眷恋的干扰，还时刻表现出对土著的轻视和敌意。在1917年12月27日的日记中，马氏写道："在我眼中，土著的生活完全缺乏趣味和重要性，这里的东西和我的差距就像一条狗和我的差距一样。"（马林诺夫斯基，2015：218）在1918年4月24日的日记中，他写道："昨晚和今早为了我的船到处找人，徒劳无功。这让我处于一种震怒的状态，我憎恶这些铜色皮肤的人。"（马林诺夫斯基，2015：326）但是，如果读者考虑到，马氏调查期间遇到的实际困难（调查对象的不合作、隐瞒和欺骗），田野中难以避免和消解的孤单与寂寞，他对自身未来前途和命运的不确定与担忧，以及日记写作的道德功用（对自己的道德状况进行监督、评估和反省）和情绪功用（通过抒发负面的和消极的情感，来激励自己的工作），那么读者就不一定要把马氏定为一个"伪君子"和"种族主义者"。不过，依然不可否认的是：对土著的同情和科学的兴趣未必是马氏工作的主要动力。马氏自己的反省表明，他可能更多地受到其个人的雄心的激励，既包括世俗的雄心，也包括学术的雄心，偶尔也掺杂有政治的雄心。在1918年6月17日至24日的日记中，马氏写道："世俗的野心让我如坐针毡……想到总有一天我会上《名人录》（Who's Who），那会是怎样的光景，等等。"（马林诺夫斯基，2015：361）正是那种强烈地希望自己成为"杰出的波兰裔学者"的愿望，使得马氏即便在不情愿或十分消极的状态中，也能专注地投入调查和写作。当然，马氏绝非沉醉于世俗雄心之辈，他也常常被自己的学术雄心所激励。一方面，这种学术雄心表现在马氏希望自己的民族志工作努力超过前人。比如，"我对自己的工作感到骄傲：比 Sp. & G（斯宾塞和吉伦）好，比其他所有人都好"（马林诺夫斯基，2015：276）。另一方面，这种学术雄心还表现在，马氏想创立一门"新的人文主义"科学（扬，2013）。偶尔，马氏在日记中也会显露他的政治抱负。在1918年3月28日的日记中，马氏写道："我在脑子里回顾关于奥菲勒兹的材料；然后展开一系列联想，开始在脑子里撰写'民族志研究对行政的价值'的回忆录。我希望回去后能写一本这样的回忆录。要旨：土地使用期；雇用；健康和改善环境（比如让他们从山上搬下来）；最重要（的）一点，了解当地习俗，使人能将心比心，想他们所想。……如果政府能接受我的观点，很好。"（马林诺夫斯基，2015：301）显然，马氏的混合的雄心在其田野中的动力作用要远甚于他的科学兴趣。

2. 马氏田野工作的习惯与节奏

马氏在《航海者》一书的导言部分介绍了自己三次考察的时间，分别是1914年8月至1915年3月，1915年5月至1916年5月，以及1917年10月至1918年10月。但是，我们通过马氏的日记和传记可以得出以下几点。第一，马氏实际的田野总时长远远短于他的"作者目睹的库拉事件之纪年表"所显示的。特别是最后一次调查，他"在'土著人中间'住帐篷的时间不过是二十二个星期，而他在1917年12月至1918年9月在这些岛上居住的总时间是四十一个星期"（扬，2013：531）。第二，马氏的第一次田野，更多是在其导师塞格利曼指导下的传统民族志活动，依赖信息人的报告和"洋泾浜"的英语，虽然看到了土著和土著的生活，但始终有白人相伴。在马氏的第一次田野中，他最大的突破可能在于，较长时间地驻留在一地，深挖当地的习俗和制度的各个方面。此外，也许是这第一次田野和随后的写作，使马氏意识到用当地的语言同当地人直接交流是民族志工作的基本条件。第三，将马氏在民族志上的巨大成功归因于"令人难以置信的工作能力"或机遇的偏爱，是非常不恰当的。通过马氏的日记，我们能够明显感受到他有着自身独特的工作习惯和工作节奏。他的工作习惯和工作节奏在其成功中扮演着重要角色。

《航海者》一书中给予读者的印象是，它是田野工作的后续的成果，即描写发生在观察之后，就像经验主义倡导的理论发生在经验之后那样。但是，实际上，马氏常常是在拟定好了写作的规划之后，才进行田野工作的，而且他在田野之中也不只是收集资料，而是边收集资料边写作。在第一次和第二次特罗布里恩德群岛之行的间隙中，马氏不但完成了若干文章的写作，还谋划了一部至少有一千页的名为"基里维纳：一部关于特罗布里恩德群岛土著人"的专著（扬，2013：497）。这部专著意在"对一个土著部落进行清晰而完整的描写"（扬，2013：497）。马氏留下了几份手写大纲。在 1918 年末的一份大纲中，他计划全书由八部分构成。第一部分是介绍方法论的绪论，其后六个部分分别为社会结构，部落生活，经济，巫术－宗教观念与实践，知识、巫术与艺术，以及语言，而第八部分会有五到六个篇幅庞大的附录。

马氏在田野中的另一个重要的工作习惯是，按照专题写作的方式做观察和田野笔记的整理。通过他的日记，我们可以看出，他似乎把其庞大的写作规划分成了一个又一个小的专题。在田野中，他常常围绕着一个专题写作的初步完成而进行观察（询问信息人，观察实际发生的情况，拍摄照片），整理田野笔记，完成专题的初步写作。

马氏的著作常常给读者他是一个经验主义者的印象。但是，实际上，马氏绝不是那种埋没在田野资料中或被田野资料埋没的人，而是时刻和始终对自己的田野工作有所反思，并用自己的理论洞见引导田野工作的人。在其私人日记中，我们可以读到马氏大量思想的"闪光"，既有对田野工作方法的反思，也有对人类学、社会学和历史学的一般思考。所以，把马氏当作一位经验主义者，很可能是一种误解。

读过马氏的日记后，读者可能会认为，马氏常常受自己的疾病、怠惰和情绪影响，而不能专心工作。但是，读者如果能更认真细究，就会发现，马氏实际上有自己的工作节奏，一段时间非常有规律且高效的工作，随后是一段放松下来的低谷期，紧接着又是一段富有成果的时期。即便是在低谷期，马氏似乎也没有完全离开工作，而是通过谈话（与商人朋友）、写小说和写信，甚至胡思乱想，汇集力量，寻找灵感。马氏著作和日记的读者，决不能想当然地以为，马氏的成功只源于他的天才或"令人难以置信的能力"。马氏当然有其天才的一面，然而，这绝不能抹杀他的勤奋工作，以及他对自身工作方式孜孜不倦的反思和修正。理论的探究、方法的反思、工作的计划和勤奋，再加上天才和机运，才是马氏成功的秘诀。

3. 前人工作的影响

《航海者》一书还给读者一种印象，即马氏的田野工作方法同前人的田野工作是一种断然的决裂，完全是他自己创新的成果。但是，相关的研究表明，马氏的田野工作以及他的工作方法，深受前人工作的影响，特别是里弗斯的影响（Stocking，1992）。不过，马氏并没有在其方法的著述中，将之显示出来。一些简单的事实包括：马氏不仅在田野调查之前钻研过《人类学的问询和笔记》一书，还将之随身携带，常备参考；在私人日记中，马氏承认阅读里弗斯的作品让他有工作的冲动，并能促进他以一种全然不同的方式，从自己的观察中受益（扬，2013）；同样在日记中，马氏承认，"我领略到了里弗斯式调查研究的魅力"（马林诺夫斯基，2015：292）。其实，马氏的田野工作方法受惠于前人之处，远超过他在著作中表达给读者的。

4. 殖民的影响和忽略

《航海者》一书还容易给读者造成如下印象：马氏所描写的库拉体系是那个地区传统的和特有的东西，还没有受到外来文明的深刻影响，同时，马氏本人的调查是科学的和独立的，较少受殖民地的政治和居民的影响。但是，这恐怕不是事实。马氏的日记和传记都表明了以下几点。其一，大约从 17 世纪开始，马氏的调查地就已经受到殖民活动影响了，18 世纪殖民的影响已经很普遍和深入了，所以这远非一处"化外之地"或"世外桃源"（Leach & Leach，1983）。其二，马氏的调查首先依赖于当地殖民政府当局的资金支持和行政核准，而且马氏调查的一部分目的是服务于英帝国的殖民活动。其三，马氏的调查过程受惠于调查地的殖民地行政机关、当地的商人和传教士的地方，要远远多于他在著作中承认的。这些人对他的帮助是多方面的，既有经济的支持、作为调查关系的中介支持，也有知识和情感上的支持。其四，就库拉体系而言，它也深受殖民活动的影响。这一方面是库拉作为政治活动的作用的丧失，另一方面还受到殖民贸易的侵蚀（Leach & Leach，1983）。

三　若干方法论上的思考

马氏对库拉体系的研究所树立的典范（特别是方法上的示范）虽然影响深远，但是它从诞生之日起就不断受到各种冲击。从方法论的角度，我们可以将这些冲击分作三个方面：理论探索和事实描写，文化写作的诗学，田野工作的政治学。

1. 理论探索和事实描写

在《航海者》一书出版后不久，法国社会学家和人类学家莫斯就出版了他最具代表性的著作，也是人类学的经典——《礼物：古式社会中交换的形式与理由》（以下简称《礼物》）一书。[①] 莫斯的《礼物》在研究主题上不仅同《航海者》一书有重叠之处，同时，马氏的库拉描写还成为莫斯作品的重要组成部分。但是，莫斯的研究遵循的是"从孟德斯鸠（Montesquieu）经由杜尔哥（Turgot）、孔多塞

---

① 《航海者》一书出版于 1922 年，《礼物》一书出版于 1925 年。

（Condorcet）和圣西门（Saint-Simon）等 18 世纪的哲学家直到孔德（Comte）与涂尔干的哲学传统。而依据这一传统，结论主要得自于对概念的分析而不是对事实的分析，事实仅被用作由归纳法所产生的命题的例证"（普里查德，2002：219）。换言之，莫斯的《礼物》完全是以他人的民族志描写为基础的概念发明。有意思的是，莫斯在其书中，虽然承认马氏的《航海者》一书是"一本杰出的描写社会学的著作"，但是他在理论上彻底否定了马氏的思考，以至于埃文斯－普里查德宣称："他依据马林诺夫斯基（Malinowski）有关特罗布里昂群岛的文献，就能够揭示出马氏本人对自己所考察的制度都没有理解或理解不够之处。"（普里查德，2002：220）

在此，我们无法细究《礼物》一书诸多概念上的贡献，仅从其对《航海者》一书的理论否定的意义上，做若干阐述。

第一，首要的一点，马氏在《航海者》的最后一章认为："在一定程度上，库拉看起来是一种新型的民族学事实。"（Malinowski，1932：510）这一断言有两重含义。一重含义是库拉体系是那一地区所独有的，而不见于其他的民族和文化。另一重含义是，这一独特的事物率先由马氏所发现和描写，并作为一个民族学事实而予以命名。然而，莫斯从其社会进化论的视角，囊括了诸多民族志描写后，判定库拉体系只是总体呈献体系的一种形式，而总体呈献体系则是所有古式社会都具有的以礼物交换三重义务（送礼的义务、收礼的义务和回礼的义务）为原则的交换制度的复合体。先说明一下莫斯的总体呈献体系的概念。莫斯的总体呈献体系（各种制度的复合体）概念有四个方面的内容。其一，"不是个体而是集体之间互设义务、互相交换和互订契约"（莫斯，2002：7），也就是《航海者》一书中个体间的库拉关系实际上只是部落、氏族或家庭关系的中介。其二，人们之间交换的不限于物资和财富、动产和不动产等经济事物，更重要的交换涉及礼节、宴会、仪式、军事、妇女、儿童、舞蹈、节日和集市。马氏的库拉描写仅涉及了财富物和经济物的交换，而没有涉及妇女和儿童的交换，以及政治上的交换。其三，"尽管这些呈献与回献（contre-prestation）根本就是一种严格的义务，甚至极易引发私下或公开的冲突，但是，它们却往往透过馈赠礼物这样自愿的形式完成"（莫斯，2002：7）。其四，最为重要的一点，这一制度复合体必然涵盖全部各种制度——宗教、法律、道德和经济，还同时涉及美学现象与这些制度所展现的形态学现象。礼物交换的三重义务既是道德性质的，也具有法律的性质，还有宗教和巫术的内涵。正是由于这三重义务的存在，人们才能看到礼物交换的循环往复，也才能看到礼物交换在古式社会中的无所不在。虽然马氏的库拉描写强调了它的巫术内容和神话内容，但是对它的道德性质、法律性质，乃至宗教性质都少有表现。

第二，莫斯利用对毛利人的"豪"的阐释，① 引出了"礼物之灵"的观念，进而回答了"在后进社会或古式社会中，是什么样的权利与利益规则，导致接受了馈赠就有义务回报？礼物中究竟有什么力量使得受赠者必须回礼"（莫斯，2002：4）。莫斯指出，在毛利人的法律观念中，法律的关联是由事物形成的关联，也是灵魂的关联，因为事物本身就出自灵魂，所以具有灵魂。这就说明了何以接受了礼物就必须回礼。"因为接受了某人的某物，就是接受了他的某些精神本质、接受了他的一部分灵魂；保留这些事物会有致命的危险，这不单单是因为这是一种不正当的占有，还因为该物在道德上、在物质上和精神上都来自另一个人，这种本质，连同食物、财物、动产或不动产、女人或子嗣、仪式或圣餐，都会使占有者招致巫术或宗教的作用。"（莫斯，2002：21）有趣的是，这种"礼物之灵"的观念从来没有出现在马氏的库拉描写中。是马氏的观察不够彻底，还是马氏的写作有所忽略？文献显示，马氏之后的库拉研究者虽然对马氏的库拉

---

① 萨林斯在《石器时代经济学》一书中认为莫斯误译了关于"豪"的原文，从而对"豪"的阐释是错误的（萨林斯，2009）。

研究多有挑战，但是并没有在库拉区发现与"礼物之灵"有关的观念。而且，按照马氏的描写，研究者也能够对献礼和回礼得出比较一般的结论。这就是，马氏在文中多次阐发的观点，是地域习俗的惰性与土著的虚荣心和雄心，共同促成了库拉交换的循环往复。两种理论，哪一个更符合事实呢？这可能要视地域的具体习俗而定，不能一概论之。承认习俗或制度的地域性、复杂性和多样性，应当成为研究工作的基本信条之一，也应当成为方法论的基础之一。

第三，莫斯认为所有的礼物交换中的物，即被当作宝物的东西，都是声望的货币。就古式社会的礼物交换的一般性而言，莫斯宣称，"人们是通过这一切获得等级的；因为之所以得到等级，是由于获得了财富；之所以获得财富，是由于拥有神灵；而神灵将附于其身，使之成为能够克服障碍的英雄；英雄又因其萨满式附体、仪式之舞和他管辖下的种种服务而得到偿付。这一切都环环相扣、彼此混同；于是事物都有了人格，而这些人格又成了氏族的某种永久性的事物。首领的名号、护符、铜器和神灵都是一回事，具有相同的本质与功能。财物的流通，即伴随着男人、女人、儿童、宴会、仪式、庆典、舞蹈乃至玩笑和辱骂的流通"（莫斯，2002：79）。马氏在库拉描写中，描写了库拉宝物的性质（有自己的名字和故事，有其特有的巫术力量等），也描写了土著对库拉宝物的情感和欲望，还描写了库拉宝物在土著生活中的展现和作用。在理论上，马氏认为库拉宝物从来没有作为交换的中介或价值的尺度，所以它们虽然代表了"凝结的财富"（condensed wealth），却不能算是货币。这里，是马氏基于他的民族志工作和土著生活的体验对库拉性质的判断更准确，还是莫斯基于他的广泛学识和纯粹的理论想象对库拉性质的断言更符合实际呢？这其实包含着深刻的方法论问题。物理学的进步表明，理论家常常可能走在实验工作者的前面，能够认识到实验工作者所没能察觉到的现象的本质特征。于是，有一派科学哲学的理论家认为，科学的进步依靠的是笛卡尔式的理性对经验的把握，而不是培根式的经验归纳。接下来的问题是，在自然科学中有效的方法论原则，在社会科学中也同样有效吗？换言之，在对社会生活的研究中，研究者对实际生活的性质的理性判断在逻辑上是否先于或高于他们对实际生活的体验认识？这一点还关系到"客位"和"主位"的论争（哈里斯，1989），即研究者对某一地域习俗的科学认识同生活于此一习俗之中的人对自身习俗的认识相比，哪一种认识更符合实际，哪一种认识更具有优先权。在此，笔者不能展开相关的讨论，只能表明，就地域的习俗而言，笔者更倾向于马氏的田野工作，而不是莫斯的理论想象。

通过对马氏和莫斯的作品的对比，我们可以认识到以下几点。其一，基于广泛的、他人的事实描写，在某种社会哲学理念的指引下，通过个人的理论综合和理论想象，"摇椅里的"学者确实能够产生丰富的理论成果，而这些理论成果能够激发田野工作者对事物观察的理论敏锐，即把握实际生活中那些有可能被有意或无意无视或忽略的东西。其二，基于事实描写的理论判断常常和理论想象联系在一起，因此对事实之一般理论性质的判定就不可避免地带有假设或虚构的东西。这就是说，基于众多事实描写的理论综合不可能简单地否定或取代对具体事实的描写，后者可能更为重要。其三，对地域习俗的事实描写应当更主动地从一般理论成果中汲取营养，从而更全面和更深入地观察和再现所研究的事物，以免由于视野的狭窄和认识的浅薄而看不到事物的全体和具体细节的内在联系。

2. 文化写作的诗学

1986 年，八位人类学家、一位历史学家和一位文艺学家联合出版了一本主题鲜明的论文集《写文化——民族志的史学与政治学》（以下简称《写文化》）（克利福德、马库斯，2006）。论文集以一种集体努力的方式和形象，向由博厄斯和马林诺夫斯基所奠基的民族志写作传统发起挑战（马库斯，2006），颠覆基于田野工作的文化描写的权威，即所谓的"民族志权威"（克利福德，2006）。正如论文集的编者克利福德和马库斯在前言中所写的，"当所有的参与者在他们最近的工作中都尽其所需地利用历史、文学、人类学、政治学和哲学的资源的时候，他们都质疑了所谓的学科和文体"（克利福德、马库斯，2006：25）。该论文集的主要贡献在于借用了当时兴起的符号学和文学批评，以及法国的后结构主义、福柯的话语分析，"将民族志作为文本和体裁，进而作为研究过程来进行批评"（马库斯，2006：7），破除了对他者文化的客观描写的"神话"和可能性，为更具诗学特征和政治参与性的民族志实验写作提供了理论上的支持。

从基本观念上说，克利福德指出，"我们不是从参与观察或（适合于阐释的）文化文本开始的，而是从写作、从制作文本开始的"（克利福德，2006：30）。同时，"它们还假定，学术体裁和文学体裁相互渗透，描述文化的写作真正是试验性和伦理性的。它们把焦点放在文本生产和修辞上，以便突出文化叙述的建构和人为的性质。这种做法削弱了过度透明的权威模式，把注意力引向民族志的历史困境，亦即，民族志总是陷入发明文化而非再现文化的境地"（克利福德，2006：30）。

从努力的方向和方法上说，这些作者都试图通过"发展一种民族志修辞的解剖学"（罗萨尔多，2006：110），来解除民族志中的描写性修辞和民族志权威的内在关联。例如，克拉潘扎诺在剖析了格尔茨的《深度游戏——关于巴厘岛斗鸡的论述》的文体修辞技术后，宣称"尽管格尔茨用现象学－解释学作为伪装，但其实在'深度游戏'中并不存在从当地人视界（native's point of view）出发的对当地人的理解。有的只是对建构出来的（constructed）当地人的建构出来的视角的建构出来的理解"（克拉潘扎诺，2006：107）。罗萨尔多在另一篇文章中利用福柯的知识和权力理论，以埃文斯－普里查德的《努尔人：对尼罗河畔一个人群的生活方式和政治制度的描述》为参照，揭示

《蒙塔尤》的作者勒华拉杜里"是通过被推行到极端的小说现实主义的策略而去支撑起他的文献的权威性的"（罗萨尔多，2006：113）。

无可争议的是，自从《写文化》出版以来，民族志写作的新方式和新风尚便层出不穷，用马库斯的话来说，已经形成了一种"自我风格化"（self-fashioning）的运动。那么对地域习俗的全面、深入和客观的描写真的如新的文化写作潮流所认为的是不可能和不值得追求的吗？如果放弃了事实描写的客观性，就同样放弃了田野工作的必须性。这也同样相当于承认，民族志作品同小说或诗歌没有区别。这种彻底的虚无主义的立场是难以令人接受的。

在此，我们虽然无意否认马氏的作品有其修辞的手法，有其意识形态的偏见，但我们也同样坚定地认为对事实的描写具有其内在的和确定的客观性，他的作品同文化虚构之间有着巨大的距离。我们认为，横亘在客观和虚构之间的有三个事物。一是田野工作的基本成果、田野笔记和其他资料（声音记录、照片、影像以及统计数据等）。这些田野成果越丰富，事实描写的客观性同小说虚构的距离就越遥远。二是理论概念和专业术语同田野成果结合的程度。两者的互渗和结合越紧密，地域习俗的研究者就越能抵挡文学修辞的诱惑。三是研究者对地域习俗的内在坚固性的坚定信念和不断求索。所谓地域习俗的内在坚固性是指，该习俗即便在外来强势文化侵蚀的情况下，虽然可能变化形貌，但依旧能持续、能传承，遇到新的机会，也能蓬勃再生。对研究者而言，只有坚信每一种地域习俗都有其内在的坚固性，并通过刻苦的工作去把握那种坚固性，才能更大程度地摆脱意识形态的偏见。

最后，我们还认为对于地域习俗的事实描写的客观性是可能进行评估的。事实描写的客观性可能不在作品本身，而在于以下两个方面。一是假设有一位从未接触过某种习俗的读者，在阅读和研究过这一习俗的事实描写后，有机会进入到作品所描写的生活中，如果他能较为容易地理解他面前所展现的种种行为，那么我们就认为事实描写具有理解的客观性。二是假设同样的读者，还能由作品的阅读和研究，更容易地学会当地的生活方式，那么我们就认为事实描写具有学习的客观性。

不可否认，文学修辞的诱惑和意识形态偏见的存在是事实描写的大敌，但这绝不能使研究者放弃客观性的要求和追求，相反，研究者应当努力发展已有的描写技术和发明新的描写手段，以期能够更客观、更全面和更深入地理解和把握地域的习俗。

3. 田野工作的政治学

马氏在《航海者》一书中，无论是就其田野中的角色，还是就其与土著之间的关系，给读者呈现的都是一幅浪漫的图景。马氏以回忆的方式告诉读者，最初离开白人的伴同，独自一人搭起帐篷，居住在土著中间时，由于孤独感，就自然地在村落中散步，进而寻求进入到土著的各种生活和组织之中。通过与土著"自然的交往"（natural intercourse），他开始了解土著，开始熟悉他们的习俗和信仰。马氏写道："就民族志工作者而言，在村落中的生活，最初的陌生，时而发生的不愉快，时而强烈有趣的冒险，很快随着一种自然的过程，变得与其周围的环境协调起来了。"（Malinowski，1932：7）而在土著的一边，马氏最终变成了一个既是到处询问和打探的，又是他们生活一部分的"不可避免的'祸事'或'讨厌鬼'"（a necessary evil or nuisance）。最终，马氏在一定程度上学会了对方的行事方式，能够真正地享受他们的陪伴，并分享他们的游戏和娱乐。在其著作中，马氏把田野现实中的观察者－被观察者间的关系浪漫化了，在某种程度上，甚至可以说，他遮蔽了他作为观察者同土著生活之间真实的权力关系。而这种权力关系在其私人日记中则有清晰的反映。

在此，我们可以从两个方面简要地以马氏的田野实际来分析一下观察者和被观察者的权力关系。从观察者的角度来说，是进入的政治学；从被观察者的角度来说，是抵抗的政治学。

首先，"在土著中生活"并非像马氏写的那样"自然"。这里有两方面值得注意。一方面，马氏是经由基里维纳地区殖民政府管理站才进驻到基里维纳的。在马氏到达之前，基里维纳已经是巴布亚新几内亚境内行政效率较高的地方之一（扬，2013）。这个管理站不但通过17个村警实行"间接统治"，还建有专门关押土著人的监狱，并通过犯人们的劳动获得粮食。马氏的许多田野资料都是从囚犯和村警那里获得的。马氏的驻扎地——奥马拉卡纳是酋长图卢瓦的所在地。在马氏同图卢瓦接触之前，这位酋长的权力和声望都受到严重的剥夺和限制，还曾经被关进监狱。当马氏进驻奥马拉卡纳之后，他的帐篷被安排在离图卢瓦的住宅几码之外，同图卢瓦最喜爱的儿子是近邻。此外，马氏最好的信息人通常都是这一地域有声望和权力的土著。

另一方面，土著对马氏的调查也不总是友好或知无不言的，经常是抗拒、隐瞒和欺骗的。这在马氏的日记中多有记载，而且还常常引起马氏情绪上的挫折和愤怒。这是最重要的一个事实，马氏在《航海者》一书中也有提示，即图卢瓦拒绝让他参与库拉远征。在一则日记中，马氏写道："不知道是因为要保密还是因为迷信，他们总是向我隐瞒要离去的事情……""他们撒谎，隐瞒，激怒了我。在这里，我在一直处于谎言的世界中。"（马林诺夫斯基，2015：296～297）

通过马氏的例子，我们可以明了，自然的不是田野中观察者与被观察者的和谐关系，而是田野中的权力关系，不过有时这一关系变得很紧张，充满对抗，有时这一关系变得较为友好和合作。同时，当两者的关系是紧张和对抗时，田野工作者得到的资料未必不真实，而当两者的关系是友好的时候，他得到的资料也很可能是虚假的。田野工作的政治学，可能是研究者在实际的研究过程中遇到的最为严重、最难以克服的问题，也许还是最常被研究者所忽略的方法论上的挑战。从福柯的理论视角来看，观察是权力的特性，同时，越是全面和深入的观察越是要求一种不对等的权力关系。

四　余论

在最后这部分，我们还想稍微涉及一点马氏的认识论问题。英国人类学家利奇称马氏为一"狂热的理论上的经验主义者"（Leach，1957）。这是说，马氏一方面非常注重观察和描写的质量，另一方面又注重把总的田野资料放置在一个合理有序的框架之中。利奇还认为，马氏的这种奇怪的、带有悖论色彩的经验主义，主要是由两点造成的：一是受到冯特的客观经验主义和詹姆士的实用主义的影响，二是受到英国人类学传统中的进化论的影响。在此，我们无意对马氏所接受的哲学传统展开追踪，而仅就习俗的观察与描写，从认识论的角度，再谈谈马氏的贡献。

首先，值得注意的是，马氏对研究对象的行为的细节的观察和描写。马氏认为，对一地域习俗的理解和把握不但要能触及它的基本骨架，还要能够用各种行为的细节、行为的背景和不起眼的意外，来造就它的血肉。此外，在马氏看来，习俗中活动的人的种种不起眼或容易被无视的细节具有反映人的心理和思维的实在的性质。所以，观察和描写人的行为的细节是理解和呈现人的心理、信念和思维的实在要求。

其次，虽然马氏是一种人类学功能论的提出者，但是，马氏的功能论的重点不在于去解释和说明一地文化的发展，更多地在于它是田野工作的框架。在《野蛮人的性生活》一书第三版的序言中，马氏在论述功能学派时谈道："为了迅速地收集到相关的各种档案材料，为了可能在无论怎样算都不够充分的逗留期间，直接从本地生活中获得正确和可信的信息，就需要获得一个专门的理论基础。"（Malinowski，1932：xxxi）这一理论基础就是他的人类学功能论。因此，对马氏而言，理论的功用在于它是对一地习俗进行观察和描写的基础。

最后，特别值得注意的是，马氏把习俗解释成社会的惯性，并认为，"控制所有部落生活的主要社会力量可以被归为习俗的惯性，即对行动的一致性的爱"（Malinowski，1932：326）。民族志工作者就是要在清晰的理论的指引下，通过艰苦的努力，观察、理解和再现习俗的框架和细节，以及与之相关的心理、信念和思维。

在马氏之后，由他奠定的现代田野工作方法和民族志写作方式，既受到了冲击，也有了继承和发展。其中很值得注意的是"精细描写"（fine description）（Frake，2007）这一方法论原则。这一方法论原则的核心在于对某一地域习俗的各种细节的凝缩的、较少文学性的描写。这种凝缩的细节描写，既有文字方面也有测量方面的要求。同时，精细描写也是多学科的、历史的和多层次的。"多学科的"是指这种描写不仅涉及人的方面，还涉及生活的、地理学的、生态学的和生物学的方面，也就是，同一种习俗相关的自然环境的条件。"历史的"要求不仅要观察和描写当下的行为，还要收集相关的历史档案和文献，将当下和历史联系起来。"多层次的"则要求不仅要涉及习俗的行为层次，还要涉及它的语言层次和心理层次；不仅要关注习俗的明显的仪式表现，还要注意它在最普通的生活中，特别是它在日常的微互动中的表现。当然，要做到对某一地域习俗的精细描写，就需要做到以下三点：一是理论上有更全面和更深刻的准备；二是掌握和发展田野工作的方法和技术，比如团体工作的方法和可视技术的应用；三是能够更深入地理解田野工作中的政治学，从而发展出更具协作性质的田野关系，为全面理解和深刻把握地域习俗奠定坚实的基础。

参考文献

埃文斯－普理查德，2002，《〈礼物〉英译本导言》，载马塞尔·莫斯《礼物：古式社会中交换的形式与理由》，汲喆译，陈瑞桦校，上海：上海人民出版社。

勃洛尼斯拉夫·马林诺夫斯基，2015，《一本严格意义上的日记》，卜思梅、何源远、余昕译，桂林：广西师范大学出版社。

布罗尼斯拉夫·马林诺夫斯基，2017，《西太平洋上的航海者》，弓秀英译，北京：商务印书馆。

雷纳托·罗萨尔多，2006，《从他的帐篷的门口：田野工作者与审讯者》，载詹姆斯·克利福德、乔治·E. 马库斯编《写文化——民族志的史学与政治学》，高丙中、吴晓黎、李霞等译，北京：商务印书馆，第110~135页。

马塞尔·莫斯，2002，《礼物：古式社会中交换的形式与理由》，汲喆译，上海：上海人民出版社。

马文·哈里斯，1989，《文化唯物主义》，张海洋、王曼萍译，北京：华夏出版社。

马歇尔·萨林斯，2009，《石器时代经济学》，张经纬、郑少雄、张帆译，北京：生活·读书·新知三联书店。

迈克尔·扬，2013，《马林诺夫斯基：一位人类学家的奥德赛，1884—1920》，宋奕译，北京：北京大学出版社。

牛鸿恩，2015，《新译逸周书》，台北：三民书局。

乔治·E. 马库斯，2006，《中文版序：〈写文化〉之后20年的美国人类学》，载詹姆斯·克利福德、乔治·E. 马库斯编《写文化——民族志的史学与政治学》，高丙中、吴晓黎、李霞等译，北京：商务印书馆，第1~24页。

温森特·克拉潘扎诺，2006，《赫耳墨斯的困境：民族志描写中对颠覆因素的掩饰》，载詹姆斯·克利福德、乔治·E. 马库斯编《写文化——民族志的史学与政治学》，高丙中、吴晓黎、李霞等译，北京：商务印书馆，第81~109页。

詹姆斯·克利福德，2006，《导言：部分的真理》，载詹姆斯·克利福德、乔治·E. 马库斯编《写文化——民族志的史学与政治学》，高丙中、吴晓黎、李霞等译，北京：商务印书馆，第 29 ~ 55 页。

Clifford, J. 1983. "*On Ethnographic Authority.*" *Representations* (2): 118 - 146.

Firth, R. W. (ed.) 1957. *Man and Culture: An Evaluation of the Work of Bronislaw Malinowski.* London: Routledge and Kegan Paul.

Frake, C. O. 2007. "Fine Description." in *Fine Description: Ethnographic and Linguistic Essays*, (eds.) Harold C. Conklin and Joel Kuipers, pp. ix - xvii. New Haven: Yale University.

Geertz, C. 1967. "Under the Mosquito Net." *The New York Review of Books*, 14 Sept.

Hammersley, M., and Paul Atkinson. 2007. *Ethnography: Principles in Practice.* New York: Routledge.

Hammersley, M. 1992. *What's Wrong with Ethnography? Methodological Explorations.* New York: Routledge.

Leach, E. R. 1957. "The Epistemological Background to Malinowski's Empiricism." in *Man and Culture: An Evaluation of the Work of Bronislaw Malinowski*, (ed.) Raymond William Firth, pp. 119 - 138. London: Routledge and Kegan Paul.

Leach, J. W., and Edmund Ronald Leach (eds.). 1983. *The Kula: New Perspectives on Massim Exchange.* Cambridge: Cambridge University Press.

Malinowski, B. 1921. "The Primitive Economics of the Trobriand Islanders." *The Economic Journal* 31 (121): 1 - 16.

Malinowski, B. 1932. *The Sexual Life of Savages in North-Western Melanesia: An Ethnographic Account of Courtship, Marriage, and Family Life among the Natives of the Trobriand Islands, British New Guinea.* London: Routledge and Kegan Paul.

Malinowski, B. 1966. *Soil-tilling and Agricultural Rites in the Trobriand Islands and the Language of Magic and Gardening: Coral Gardens and Their Magic.*

London: George Allen & Unwin.

Malinowski, B. 1987. *Sexual Life of Savages*. Boston: Beacon Press.

Richards, A. I. 1957. "The Concept of Culture in Malinowski's Work. " in *Man and Culture: An Evaluation of the Work of Bronislaw Malinowski*, (ed.) Raymond William Firth, pp. 15 – 32. London: Routledge and Kegan Paul.

Stocking, G. W. 1992. *The Ethnographer's Magic and Other Essays in the History of Anthropology*. Madison: University of Wisconsin Press.

Sumner, W. G. 1907. *Folkways: A Study of the Sociological Importance of Usages, Manners, Customs, Mores, and Morals*. Boston: Ginn & Company.

Wittgenstein, L. 1968. *Philosophical Investigations*. Oxford: Basil Blackwell.

处境定义与框架分析[*]

从个体行动者的角度看，他们总是处于各种各样的处境之中（Dixon，Dogan，and Sanderson，2009；Hardie，2020）。一方面，处境总是客观的，因为个体行动者总是在他们的处境中从事有社会意义的行动，并且他们只有通过自己的行动作用于处境中的对象，才可能改善自己的处境。此外，处境对于个体行动者而言，又总是受限制的和可能的行动条件。个体行动者只有努力摆脱处境中物和人的重复势力，或者顺着整个处境的趋势，才可能实现自己的意图。另一方面，处境又总是主观的。因为，个体行动者似乎总是将其界定为真实的处境并作为自己行动选择或行动取向的先决条件。这也就是美国社会学家托马斯的名言——"如果人确定其处境为真，那么它们就确实会产生相应的后果"（Thomas and Thomas，1928：572）——所表达的意思。个体行动者所处处境的客观方面和主观方面并不总是一致的，甚至可以说，他们总是依凭自己的主观认识来引导自己的行动选择或行动取向，而较少根据客观的形势来实现各种各样的意图。所以，从个体行动者的角度看，对处境的认识构成了其行动的重要一环。

个体行动者对自身处境的主观认识与其个体的历史经验的积累，以及处境中经验对象的呈现和他对经验对象的关注是否有关呢？在过

---

[*] 本文曾以《处境定义与框架分析》为题发表于《社会科学研究》2022 年第 2 期，收入本书时有修改。

去的文献中，许多社会心理学家和具有心理学倾向的社会学家就是这么认为的（Argyle, Furnham, and Graham, 1981; Barwise and Perry, 1983; MacHugh, 1968; Park and Moro, 2006; Stebbins, 1967; Ball, 1972）。这些研究者没能像戈夫曼（一位具有结构主义倾向的互动秩序的研究者）一样，认识到个体行动者对处境中的经验对象的认识依赖于他们自身具有的框架或图式（Denzin and Keller, 1981; Gonos, 1977）。戈夫曼认为，"也许，（人们）总是能够发现'对处境的定义'，但是出于特定处境中的人通常并不创造定义，即便（有人会说）这是社会创造的；一般而言，人们所做的无非是正确地估计对他们而言处境应当是怎样的，然后据此而行动"（Goffman, 1964）。据此，戈夫曼进而确定，那个让人们对处境做出正确评估的事物就是具有结构属性的框架。基于上述认识，戈夫曼从互动秩序的角度出发，提出了一个个体行动者用以判定其互动处境的框架理论，及用以分析此框架的方法学基础和相应的分析路径。虽然，戈夫曼在《框架分析》一书中，已经在理论上解决了大部分问题，但是，在相当程度上，笔者认为他在这一领域的理论工作不仅被误解了，而且被忽略了。更重要的是，他的这部分工作较少同后续的经验研究和理论构建发生关联。这其中相当一部分原因要归之于他一贯的写作风格。这位重要的互动秩序的理论家，把自己最重要的理论发现和方法论贡献隐藏在了对普通人的平凡琐事的文学讽刺中（Craib, 1978）。这就使得他的著作读起来更像文学批评，而不像通常的理论建构和经验证实。

　　本文基于上述认识，试图以互动处境作为基本理论框架，更加清晰地勾勒出戈夫曼的框架理论，以及框架分析的方法学基础，再用若干实例来展示这一理论和分析工具对社会学经验研究和理论构建的一般功用。

一　互动处境的理论框架

上文中，笔者主要从个体行动者的视角引入处境的概念，但是没有给这个概念以明确的定义。这里为了提出一个互动处境的理论框架，笔者将以更为清晰的方式，逐步界定互动处境的概念。

首先，处境的概念。一般而言，处境是社会行动者以自身的意图，通过符号性和工具性的实践活动，区划出的一个行动得以发生的世界，即一个特定的时空条件。

这里的世界指什么？在此，我们借用波普尔三个世界的概念来分析（波普尔，2005；Boyd，2016；Carr，1977；Hedström，Swedberg，and Udéhn，1998）。波普尔认为，从理论上说，可以区分出三个世界：物理客体或物理状态的世界、意识状态或精神状态的世界、思想的客观内容的世界。我们可以稍微变通一下，把这三个世界改成自然世界、人工世界和符号世界。[①] 在此，我们不打算对这三个世界加以说明和论证，而是把它们当作前提，直接应用。有了三个世界的划分，于是我们可以说，人类社会的所有实践活动都发生于这三个世界之中。

其次，要区分环境和处境。正是实践活动的意图把三个世界联系起来，并通过符号性和工具性的活动实现了环境和处境的分割。意图

---

① 波普尔的原文是："如果不过分认真地考虑'世界'或'宇宙'一词，我们就可以区分下列三个世界或宇宙：第一，物理客体或物理状态的世界；第二，意识状态或精神状态的世界，或关于活动的行为意向的世界；第三，思想的客观内容的世界，尤其是科学思想、诗的思想以及艺术作品的世界。"（波普尔，2005：114）波普尔认为，他提出的第三个世界（third world）是同其他两个世界一样的"实在"（reality）。他对此给出了两个思想实验。实验一和实验二分别是："我们所有机器和工具书连同我们所有的主观知识，包括我们关于机器和工具以及怎样使用它们的主观知识都被毁坏了；然而，图书馆和我们从中学习的能力依然存在。显然，在遭受重大损失之后，我们的世界会再次运转。""象（像）上面一样，机器和工具被毁坏了，并且我们的主观知识，包括我们关于机器和工具以及如何使用它们的主观知识也被毁坏了；但这一次是所有的图书馆也都被毁坏了，以至于我们从书籍中学习的能力也没有用了。"（波普尔，2005：116）

是通过行动者们的意向，把符号世界的内容投射到一个局部的自然世界上的精神活动。这里的意图既可以是意识到的，也可以是不完全或模糊地意识到的。同时，它总是非个人的，但也未必就是集体的；我们似乎可以说，有一个临时的、局部的总体意图，它从所有行动参与者的意图中生出来，把各个参与者的独立处境联合成他们的当下处境。由于意图是精神活动，所以它就必须通过实际的符号行动和工具行动把整个的时空条件标定出来，把可能的行动世界变成现实的行动时空条件。

再次，这个标定出来的时空条件内的所有事物就同时成为行动者实现其意图的客观条件，也就是行动者的客观处境。从三个世界的理论出发，行动者的客观处境当然也由三部分组成，即自然对象、人的工具及各种各样的符号载体。这些事物既成为行动者实现其总意图可资利用的促进要素，也成为妨碍总意图实现的阻碍要素。

最后，处境虽然总是客观的，但是行动者对自身处境的认识并不总是客观的，或者可以说行动者对自身处境的认识总是主观的。这种主观性的来源可能有：（1）处境中各行动参与者的分化、独立和对立；（2）行动参与者的基本不一致，导致各自具体目标选择的不一致或对立；（3）各自目标选择的不一致或对立造成自身情感上的波动；（4）实现自身目标的能力上的缺陷；（5）在实现自身目标的过程中对其他行动者的行动的依赖。由于上述诸项因素的存在，行动者对自身处境的认识又总是主观的和带有情感特征的。于是，我们把处境中行动者对自身行动的主观认识称作行动者对自身处境的定义，简称为情境。

根据卢曼的社会类型理论，我们可以把社会行动者的处境划分为三个不同的时空尺度，即社会、组织和互动。按照卢曼的界定，"社会是所有相互可能联络的沟通行为之全体系统"（Luhmann, 1982：73）。在当今的全球化条件下，社会实际上是指所有地球上的人类可能形成的总沟通系统。由社会所划分的处境就是人类总的客观条件，超出这个条件，就无所谓人类了。如果说社会是全尺度的，或宏观尺度的处境主体，那么组织就是中观尺度的处境主体，因为组织是由组织的成员之间可能的沟通形成的系统。组织的关键是边界形成和自我选择。由组织所划分的处境，可称作组织处境。最后，由个体的同时在场，并以面对面的形式展现的可能沟通，可称作互动沟通。由个体间的互动沟通所划分出的处境，就是互动处境。互动处境总是个体间的、当下的和即时的处境。它具有倏忽而生、倏忽而灭的特点；同时，它可能受互动者之间历史交往习惯（通常所说的关系）的影响，也可能进而增强、削弱，甚至破坏或颠倒交往者之间的关系，但它本身不是关系，不具有连续性和持续性的特征。互动处境是微观且自成一类的（Kemper and Collins，1990；Maiwald and Suerig，2020）。

戈夫曼倾力研究的，正是各种类型的互动处境。他指出，"当两个或多个个体发现对方即时在场时，一个社会处境便出现了。同时，这一处境会一直持续到倒数第二个人的离去。身在处境中的人们可能被他人称作聚在一起，即聚集。虽然，他们之间可能是分开的、沉默不语的，或者是距离较远的，或者是仅仅片刻同在的，聚集在一起的参与者总是表现出聚在一起的样子"（Goffman，1964）。在这种当下的、即时的、面对面的聚集状态中，既有的文化规范和规则调节着聚集者之间的相互行为。因此，戈夫曼认为，互动处境具有其自生的内在秩序，即他所谓的"互动秩序"（Goffman，1983）；进而，他认为对"互动秩序"的理论探索需要有独特的方法论和方法，也就是微观分析，而经由微观分析获得的理论成果，即构成了互动处境的理论。戈夫曼在其一生中对互动处境有许多卓著的理论上的贡献，这些贡献中有些是以坚实的经验内容为基础的理论构建，有些则是用以分析经验事实的方法工具。他提出的框架分析，是分析互动处境中行动者如何认识或定义自身处境的方法工具。

二　框架的概念

戈夫曼的框架概念一方面来自乔治·贝特森（Gregory Bateson），特别是其关于"游戏（玩）和幻想的理论"（Bateson，1978）中的框架概念，另一方面又同皮亚杰的认知图式概念有异曲同工之处。因此，在本部分，我们首先介绍贝特森的框架概念和皮亚杰的认知图式概念，再说明戈夫曼的框架概念。

（一）贝特森的框架概念

贝特森的框架概念来自他的沟通的进化理论。贝特森发现动物之间通过信号沟通，从而使它们之间的互动具有游戏的特征。比如，两个小动物之间能够游戏般地撕咬，而不是真正的争斗。在游戏般的撕咬过程中，整个互动序列同真正的争斗过程中的互动序列非常相似，但是小动物们依然能够通过相互之间的信号传递来区分游戏和争斗。这些把游戏和争斗区别开的信号，其主要信息是"这是游戏"。贝特森把包含信息"这是游戏"的信号沟通，称作"元沟通"（metacommunication）。

之所以称包含了信息"这是游戏"的信号沟通是"元沟通"，是因为这一信息具有如下独特的性质：我们现在所从事的各种行为所意味的内容，不再是它们所显示出来的所意味的内容。换句话说，由"这是游戏"所标定或括置起的所有行动都不再具有原来行动所具有的意义，即在经验中，这一行动不再具有它实际所具有的效果或能量，从而变成只具有符号作用或符号效果的行动。进一步地，只有当实际的行动和符号的行动有所区别时，沟通才有可能发生，因为沟通是符号性的互动，而非真实的作用。由此，贝特森指出，"游戏的进化可能是促进沟通进化的重要一步"（Bateson，1978：181）。同游戏

121

的信号沟通类似，威胁行为、表演行为和欺诈行为都是符号性行为，都以元沟通为基础。人的符号沟通建立在上述游戏、威胁、表演、欺诈基础上，是高度复杂的现象。

元沟通是框架行为，因为在"这是游戏"的范围之内，所有的行动都不再具有原来的实际效果，只剩其象征的意义。用贝特森的话说，"游戏和非游戏间的区别，像幻想和非幻想之间的区别一样，是二阶过程或'我'的函数"（Bateson，1978：185）。这里的二阶过程就是沟通过程。正是有了二阶过程，才有了游戏和非游戏的区别，才有了幻想和非幻想的区别，非游戏活动和非幻想活动的效果与意义才能被看见，才能被显现出来。

在贝特森看来，框架是一种心理上的结构，同画作的画框或数学集合有相似之处。例如，画作的画框把审美者的注意力引向框内，从而把框外的一切都当作背景因素和干扰因素；而数学集合具有区别类和非类的功能，如有集合 A，那么凡属于集合 A 的元素都是 A 类，凡不属于集合 A 的元素都不是 A 类。假设真实存在的心理框架也有类似的功能，即凡在框架之内的经验都是有意义的，而在框架之外的经验就被当作无意义的背景和干扰因素。与画作的画框或数学集合不同的地方在于，心理上的框架是看不到的，是无意识的结构。此外，心理学上的框架所屏蔽的经验具有重要的功能，因为正是那整个的被屏蔽的区域使得框架之内的经验具有意义和秩序。

框架除了是心理学的结构，还具有元沟通的功能。任何信息，无论它是清楚还是隐含地界定了一个框架，实际的接受者都会试图把他所接受的其他信息放入框架内加以理解。另外，任何一条元沟通的信息都指明或界定一个心理学框架的存在。

根据贝特森的理论，我们可以说，人们之间的互动（特别是符号性的互动）依赖于位于人们潜意识结构中、具有元沟通作用的心理框架的存在。

（二）皮亚杰的认知图式概念

皮亚杰的认知图式概念也是心理学上的结构物，同贝特森的框架有许多相似之处，也有一些重要的区别。这里，我们介绍皮亚杰的图式概念，也许对我们对框架的概念的理解能有所启发。

皮亚杰认为，人的认知首先从感知—运动发展起来，即在婴儿期的早期，由于婴儿的生物学基础和外在环境的经常刺激，他们发展出复杂的"动作－图式"（action-schemes）体系，能够按照空间－时间的结构和因果的结构组织起他们身边的事物，成功地解决许多动作上的问题（如伸手取得远处的或隐藏的物品）。不过，由于还缺乏语言的帮助，他们还不能利用符号来再现或思维，只能依靠知觉和运动来协调自身的各种行为（Glasersfeld，1995；皮亚杰、英海尔德，1980）。

感知－运动图式经由同化作用最后发展成一种动作的逻辑，包括各种关系和对应（事物间的转换函数）的建立以及图式的分类（基于动作的分类，而不是逻辑的分类）。也就是说，发展出基于动作先后的事物秩序和事物的集合结构，从而为日后的思维运算奠定基础。随着婴儿的成长，大约在1岁半至2岁期间，他们开始发展出另一种具有根本意义的功能，即"符号功能"（semiotic function），从而使其知觉和动作的对象变成符号化的事物（认知图式开始发展起来）。在这个过程中，儿童的象征性游戏（symbolic play）和绘画活动起着关键性的作用。在象征游戏中，儿童一方面把玩具或身边的小工具当作"真实"的对象与之发生动作和情感上的联系，另一方面通过积极的模仿将实际的动作和表意的动作区分开来。儿童的绘画也具有相似的符号功能，不过它更多地在于模仿（其实，仔细地观察一下儿童的绘画发展，会是非常有教益的。儿童从早期的线条画和"蝌蚪人"画，到后来的故事画的发展是惊人的。特别是他们的故事画已经具有框架和秩序的结构了，而儿童故事画所体现的框架和秩序，完全不是外界的力量强加给他们的，而是他们认知图式同化和顺应的结果）。

语言的发展对儿童认知图式的发展具有决定性的影响。语言的发展使儿童在其认知图式中容纳和同化大量社会已经发展起来的认知图式；同时，儿童自身发展出的语言能力，还使他们能够通过语言重新组织起已有的动作图式和认知图式。可以说，儿童的语言发展是他们认知图式发展的最重大的进展。

皮亚杰还发现，儿童的游戏化发展过程中有一个从"自我中心"阶段到"协作游戏"阶段的飞跃。在自我中心阶段，儿童虽然已经能够模仿范例，发展了共同游戏的兴趣，但他依然沉溺在自己的乐趣和想象中，同时，他认为规则是神圣的，是不可触犯的，是成人生产的，是永存不变的，而且任何对规则的更改都被他认作犯罪。在协作游戏的阶段，儿童们会协商出共同遵循的玩法，在同他人的共同的游戏中获得快乐，会尊重玩伴和游戏本身，会根据比较抽象的公平观点来协商和改变规则。可以说，儿童的协作游戏说明，儿童的认知图式不仅是心理学的，更重要的，它还必须发展成社会 - 规则的（皮亚杰，1984）。

简单地综合一下上述两位作者的观点，我们可以说，首先存在着一种心理学上的结构物，无论是称它为框架，还是称它为图式，它都能够使人们符号性地组织起自身的动作和经验；就人类而言，这种框架或图式的发展，不仅是心理学的和元沟通的，还是文化的（以语言为基础）和社会的（规则协商和规则遵从）。

（三）戈夫曼的框架概念

戈夫曼的框架概念无疑直接来源于贝特森（Goffman，1986），但是这一概念在戈夫曼这里，主要用于解决个体行动者在其互动处境中，明确自身应当和实际处于何种境地的问题，即情境的问题。戈夫曼假设，"当个体加入到当下的（互动）处境中时，他们总是面临着同样的问题：'接下来这里将要发生什么事？'当个体处于困惑和疑惑的状况时，这一问题是明确的，而当个体处于通常熟悉的状况下时，这个问题则是不自觉的。对此一问题的回答，将会引导个体对手头事物的态度"（Goffman，1986：8）。进而，戈夫曼借用贝特森的概念假设，分析认为互动处境中的个体对自身处境的定义（对上述问题的回答）不是随意的，而是受框架的制约和引导的。这一个体心理学上的具有元沟通功能的结构物，是社会的产物。从这一视角出发，对互动处境的处境定义的研究，就既不能顺着托马斯的研究路径（处境定义或情境分析），即过于专注于个体的社会经历和经验对其具体情境的影响，也不能随着舒茨的研究路径，即经由对普通人的常识的反思性观看来做理论的构想。于是，戈夫曼的目标就是："分离出在我们的社会用于界定事件的基本理解框架，并分析这些参照框架的特殊的脆弱性。"（Goffman，1986：10）

在戈夫曼的框架概念中，处于第一位置的是首要框架（primary frame）。首要框架是行动者对特定事件的基本认识或分类，而且这些基本分类不依赖于任何一个更加先在的或更原始的解释过程。另外，如果没有了这些基本的解释过程，景象中的无意义的方面就会渗透进景象中的意义整体。戈夫曼指出，在西方的社会生活中，有两类广泛的首要框架——自然框架和社会框架。自然框架包括所有无目的的、无导向性的、无生命的"纯粹身体性"的事件或者受自然规律支配的事件；社会框架则包含所有有意志、有目标和有智力的生命行为，特别是人的活动。比如，当一个验尸官问一具尸体的死亡原因时，他实际是在问死亡的生理过程，也就是用自然框架来探寻和组织各种经验事实；当他问死者的死亡方式时，他实际是在问死者是自杀还是他杀，也就是用社会框架来想象死者过去的经历。此外，首要框架还是任何一个特殊社会群体的文化的主要构成元素，因为它构成了群体内的类别图式、类别之间的关系、群体同其他群体的关系，以及群体同自然的关系。简言之，群体的首要框架就是这个群体的信仰体系或它的宇宙观。同时，首要框架总是参与到个体对互动处境的认识和定义的过程。

首要框架是关键，是基础，而首要框架之所以为首要框架全在于存在着对首要框架的变换。变换意味着赋予个体的整个互动处境以完全不同的意义或意味，比如打斗的动作仍然还是打斗的动作，但是在游戏的处境下，打斗的动作却不再具有打斗的现实性，而成为一个带有试探、威胁或逗弄意味的虚拟的打斗。同样，在游戏的处境下，空间、时间和实际的物都被赋予了另外的意义，如用一场打斗的游戏来创造出整个活动的空间和时间节奏，创造出手边事物的整个意义和价值。变换一方面是对实际或现实的模仿，另一方面是整个现实或实际的对立面。它可以赋予实际的动作或实际的物品，甚至实际的事件不同的意味，它也可以赋予非现实的事物"真实"的意义和价值。

戈夫曼指出，对首要框架有两种基本的变换方式：一种是调式变换（key and keying），另一种是捏造变换（designs and fabrications）。将两种变换方式结合起来会形成一种新的框架，即舞台框架（theatrical frame）。

调式变换指互动处境的参与者通过一组约定整个地赋予他们的活动与首要框架不同的意义。例如，把实际的、严肃的和辛劳的农业劳动，通过调式的变换，变成一个关于农业劳动的表演型庆典活动，或者用夸张的工作表现出农作的辛劳，或者用欢快的歌舞表现出丰收的喜悦。就调式变换而言，主要的要素包括：时间和空间的括置（改变时间和空间的意义与意味）、处境中各种物品和工具的系统变换（意义给予和变换）、系统的替换（用假的替换真的，用虚拟的代替实际的）、线索（给予整个变换后的互动以基调或发展路线）。

捏造变换相当于互动一方对另一方的欺瞒，即一方努力模拟和造成一种使对方"信以为真"的场景，从而引导或诱导对方的处境定义。在整个欺瞒的过程中，欺瞒方清楚地知道自己的暗示、诱导，整个场景的布置都是"假的"；同时，他还必须保证己方的整个诱导和布置同被欺瞒方的首要框架是一致的，从而能够引起被欺瞒方产生己方希望他发生的处境定义。另外，欺瞒方对互动处境的整个引导和布置总是存在着同实际可能的互动处境不一致的地方，即总是存在着骗局被识破的线索，所以对被欺瞒方而言，他总可能或"信以为真"，或"怀疑"，或"知其为假"；无论如何，他总不是完全消极的和被动的。

另一种框架是舞台框架（theatrical frame），它的关键在于一方是表演方，另一方是观众方。双方都知道表演方所造成的处境和角色是布置的，是虚构的；与此同时，双方都还必须努力参与到那个虚构的处境和角色之中。对表演方而言，他只有控制且"真实地"进入到剧本所构造的世界中，才能引发观众的共鸣；对观众而言，他虽知道表演者表演的是假的，但是他可能不自觉或自觉地识别、理解和认同表演所传递的处境、行为和意义。所以，表演者的失败无疑在于他的表演不能引起观众的意义和情感的共振，而观众的失败则在于他无法掩饰自己对表演所传递的内容的无兴趣。

戈夫曼还指出，首要框架的变换还可以再变换，从而形成变换的层次或结构。比如，在魔术表演中，用道具锯子来锯真人，就是捏造变换的调式变换，整个布置都在于让观众上当，但是观众都知道锯人肯定是假的。也存在着调式变换的捏造变换，比如利用"假的"演出，让对方真的上当。当然，还可能有捏造变换的捏造变换，如假装自己受到骗子的欺骗，从而使骗子上当受骗。简言之，在原始活动或首要框架的基础上可以进行多次变换和组合变换，从而形成多个变换的层，即层化。

（四）互动处境中的框架

至此，我们可以对框架的概念稍加厘定，从而为后续的框架揭示奠定一个简明的基础。

（1）我们假设：对于任何成人间（经历了社会化的且正常的行动者）的互动处境而言，文化共享和社会专门的、具有元沟通功能的心理学上的框架之存在，是有序互动的基本条件（要素）。

（2）框架作为一种心理学上的结构物，其功能在于产生对处境的定义，即对互动处境中的个体行动者而言理解自己在何种处境下；在这种情境下，哪些事情将要或可能会发生；以及在这种情境下，自己应当和需要采取怎样的行动或做出怎样的反应。

（3）个体行动者之所以能够参与到互动处境中，端赖于他们既具有首要框架，又具有框架变换的能力（调式变换和捏造变换），甚至是具有多层次的框架结构（首要框架、框架的一阶变换和二阶变换或多阶变换）。

（4）在具体的互动处境中，个体行动者对互动处境的定义是可感可知的，甚至他们可以通过元沟通（比如，"让我们来模拟法庭活动"）的方式来变换框架，但是框架本身是不可见的。

如果借用勒温对于个体行为的著名定义，$B = f(P, E)$（其中，B 是个体的行为，P 是个体的特性或人格，E 是个体的环境，f 是 P 和 E 之间的函数关系），我们也可以用函数的方式，来形式化上述概念。

（a）$DS(0) = Pf(A, S)$，其中 A 是个体行动者，S 是他的互动处境，Pf 是首要框架，DS 是界定了的处境，0 表示最初的或实际的情境。

（b）$DS(1) = Tf_1(A, S)$，其中 A、S 和 DS 与上式相同，Tf 表示框架的变换，1 表示一阶变换，依次类推，还可以有二阶变换或多阶变换。

戈夫曼的主要理论贡献是，他把框架的概念引入到互动处境的分析中，揭示了处境定义的框架基础，并且系统地指出了框架变换的方式，以及框架的层次结构的存在；进而，将互动处境的分析的目光从实际和具体的处境定义，引向潜在的框架。对于我们这些现实的分析者而言，我们更关注的是如何揭示个体行动者在互动处境中应用的框架，或者说如何分析性地构造出特定的实际互动处境（以具体的历史社会现实为背景）中，个体行动者（类型化的行动者）可能有的首要框架。因为，正是这一首要框架限制了他们对实际处境的理解。下面，我们将以本部分的框架概念为基础，特别是以戈夫曼的框架理论为基础，阐述框架揭示的方法论基础。

三　框架分析的方法论基础

我们的目标是：分析地构造出特定文化－历史－社会背景下互动处境中的类型化的行动者之互动框架。那么这种分析的构造如何可能呢？它的方法论基础在何处呢？在此，我们沿着戈夫曼的足迹，提出存在论的现象学是分析者从事互动处境之框架分析的可能基础。这里所谓存在论的现象学（Lyman and Scott，1989），我们指的主要是萨特在其哲学和文学的创造性工作中所展示出的东西。由于篇幅的限制，我们在此提纲挈领地说明同框架分析相关的存在论的现象学的要旨。

（一）现象学的路数

现象学的术语和对现象学的探究虽然在胡塞尔以前就已经有所发展，但是现象学作为一种创新的探究路数和一个哲学运动源自胡塞尔（索科拉夫斯基，2009；莫兰，2017）。在此，我们不可能深入现象学的最内层和众多可能，而只是浅显地指出现象学路径中最明显的教导。

1. 现象学是探究事物的方法

海德格尔曾明确地指出，现象学"既不是某种'立场'也不是某个'流派',而且也不可能成为这类东西。'现象学'这个词本来意味着一个方法概念。它不是从关乎实事的方面来描述哲学研究的对象是'什么',而描述哲学研究的'如何'"(海德格尔,2018:35)。在这里,我们认为,现象学是一种通过彻底地质疑人们通常看待事物的方式,来使被遮蔽的事物得以显现的方法,即"朝向事情本身"的方法。

2. 从自然态度转向现象学态度

对分析者来说,现象学路数的关键在于从自然态度转向现象学态度。从自然态度到现象学态度的转变,颇类似于中国的禅宗大师青原行思所说的"看山是山,看山不是山"的转变。所谓自然态度,是指我们作为普通人或专业人士在日常生活世界中应对各种环境和事物的习惯性取向。首先,自然态度是一个文化共同体在长期成功地应对其环境的过程中,发展出来的态度。其次,对文化共同体的任一个体而言,自然态度是他从出生之日起即习得的东西的结晶。最后,自然态度是一种事务主义的态度,一方面,遵循自然态度的行动者始终把自己限制在已经发生的、正在发生的,及将要发生的事务之中不能自拔;另一方面,他们又总是用传统的方法来"应对"新的变化,甚至把自己的环境改造得能够适应传统的方法。持有自然态度的行动者不一定是普通人,还可能是各行各业的专家和学者,各种政治家和企业家,虽然他们具有各种专门的知识和技能,拥有超过普通人的反思能力,但他们可能依旧陷于自身的行当和事务之中。向现象学态度的转变是一种彻底的转变,它要求完全摆脱自然态度,并且用一种反思的方式来关注自然态度中的一切,包括起着支撑作用的世界信念。简单地说,现象学态度其实并不是一种态度,而是一种彻底的质疑,它是对一切自然态度的质疑。同时,它还寻求通过对自然态度的质疑发现新的可能性。

3. 反观式审视

仅具有现象学态度并不足以成就任何方法，现象学之所以能够成为一种"朝向事物本身"的方法，端赖于它是一种实践，一种观察和描述的实践。然而，现象学不是普通人的观察，甚至也不是专家的观察，而是对自我的反应方式的观察，即反观式审视。反观式审视不同于通常所说的反思或反省。反思或反省是人们事后用一定的标准（善恶、真假、美丑）来评判自己行为的内容。例如："吾日三省吾身：为人谋而不忠乎？与朋友交而不信乎？传不习乎？"反观式审视则不同。其一，它并不要求事后的行为，因为它可以是事中的行为，即身在其中而观在其外。举例来说，反观类似《西游记》中的孙悟空在五庄观面对清风和明月的责骂时，使用的分身术，把假身留在"当场"，抽出真身做其他的事情。由于我们没有孙悟空的分身术，所以我们只能把身体化的基本反应留在"当场"，而抽出我们的观察力去看。其二，反观式审视重在审视，而不在评判。维特根斯坦在《哲学研究》中说："请你仔细看看是不是有什么全体共同的东西。——因为，如果你观察它们，你将看不到什么全体所共同的东西，而只看到相似之处，看到亲缘关系，甚至一整套相似之处和亲缘关系。再说一遍，不要去想，而是要去看！"（维特根斯坦，2000：47）现象学的观察与维特根斯坦所要求的，"不要去想，而是要去看"正相似，它不是要求我们去评判发生的事情，不要求我们估计事情的发展方向，更不要求我们思索事情发展的原因，相反，它要求我们去观察事情是怎样发展的，它要求我们专注地看，要求我们仔细地且无遗漏地看。其三，反观式审视所观察的不是"我的反应内容"，而是"我的反应方式"。例如，我在听相声的过程中，不由自主地笑了。对此，反观式审视观察的不是我在笑"什么"，而是观察"什么东西触发了我的笑"，"我是怎样不由自主地笑的"，"这种笑的方式有何特别之处"，诸如此类。至此，我们可以说，反观式审视是对"我"面对事物的过程中的

"自发"反应方式的观察和审问。

4. 分析的描述

分析的描述是现象学方法的完成，这是因为：一方面，描述是观察的自然成果；另一方面，描述与观察相辅相成。观察是为了描述，而描述终结观察。分析的描述旨在清晰地呈现"我"在面对事物的过程中是如何"自发"反应的。就分析的描述而言，非常著名的例子有克尔凯郭尔对焦虑的描述。克氏通过他的描述清楚地区别了焦虑和恐惧的区别。恐惧是对世界上的事物的恐惧，而焦虑则是对"我"将要面临的前景的焦虑。晕眩所以成为焦虑，不是因为我害怕掉下悬崖，而是因为惧怕我自投悬崖这一选择可能引起的后果。处境引起恐惧是因为它很可能从外面使我的生活发生变化，而我的存在引起焦虑是因为我对自己应对处境的选择和能力的怀疑。

（二）存在主义的态度

在此，我们所说的"存在论的"指的不是整个的由克尔凯郭尔和尼采发起，并由海德格尔、萨特、加缪等人所推动的哲学思潮，而是个体面对其外在世界的急剧变化所采取的一种反应、态度和立场（巴雷特，1995）。存在论的态度或立场可能有许多种，在此我们选择萨特式的存在论态度作为方法论的基础之一。因为，萨特式的存在论是一种温和的、积极的（非毁灭的）和非宗教的。其之所以是温和的，在于这种态度不极端强调自我的价值从而否定他人的价值（克尔凯郭尔通过牺牲他人成就自我，尼采通过宣扬超人而否定凡人）；其之所以是积极的而非毁灭的，在于这种态度不是从社会中退隐出来，也没有自我毁灭的种种倾向和体验，反而强调个体介入社会的必要性；最后，这种态度不是以某种宗教的或神秘主义的东西为依归，而是以人道主义为基础。那么，萨特的存在主义态度有哪些主要方面呢？

1. 存在先于本质

在萨特看来，人是在没有主动选择的情况下，被不自主地"抛入"到这个他在其中存在的世界之中的（萨特，2005）。当个人被"抛入"到这个世界中时，他就不得不依赖既有的世界，不得不接受既有的宗教、习俗、法律，既有的伦理道德和是非标准，以及生活在他人对自己的评判之下，并受到社会和他人的驱策而作为。萨特认为，这种"自在"的存在并无本质可言，这个人的生活也无意义可言，因为他完全生活在他人给予他的意义中，而无自己的意识和意义，即"自在"的存在实际是虚无（没有自我赋予的意义）的存在。本质是一个人赋予自己的意义，本质是自我选择的过程和结果。

2. 个人可以且应当自由地选择

萨特认为，一方面，个人的人生只有当它是自我设计和自我实现的过程时，它才有本质可言；另一方面，个人无论在何种极端的处境中都有可能自由地选择。与其他"自由选择论"者不同的是，萨特特别强调个人对自己人生的谋划和对选择结果的责任。萨特反对"无意识"的托词，认为人对自己的生活都是有意识的谋划，但许多人是按照他人和社会的意识与意义来谋划自己的生活，而"自为"的人是按照自己赋予的意义来谋划自己的生活。此外，萨特还强调，只要是个人自己的选择，他都需要为自己的选择后果勇敢地负担起相应的责任。

3. 积极地"介入"

萨特承认，"每个人的处境和集体的处境是分不开的，只有在改变集体处境的同时才能改变个人的处境"（萨特，2000a：6），所以，他特别宣扬文学对社会生活的"介入"（萨特，2000b）。萨特的"介入"主要是指，通过文学的揭露功能来暴露社会生活中的种种不公正，暴露上层阶级对下层阶级的压迫，暴露一个民族对另一个民族的殖民，暴露现实生活的矛盾斗争，从而唤起人们的反抗意图和变革意图。

（三）存在主义的现象学

经由上述说明，我们可知，存在论的现象学，以萨特式的存在论态度为分析者的态度，并遵从现象学的教导，反观地审视和分析地描述自我在处境中的种种状况，以及自我在处境中的种种反应方式。在此，我们可以用萨特的小说《恶心》来简要地说明这种方法论的运用。

1. 恶心：处境的虚无化

在萨特的小说中，恶心指的不是一种面对某些令人作呕的事物产生的应激的生理反应，而是一种持久的、弥散性的情绪反应方式。当人们处于日常生活的种种处境中，突然发觉日常的、平凡的和习惯的事物和行为都失去了其往日所具有的价值和意义时，他们就被一种恶心的情绪抓住了。在萨特的小说中，主人公在回到咖啡馆——他的避难所时，突然发现，"情况不妙！糟糕透了！我感觉到那个脏东西，恶心！这一次它在咖啡馆里袭击了我"（萨特，2000a：24），"于是恶心攫住了我，我跌坐在长椅上，甚至不知身在何处。颜色在我周围慢慢旋转，我想呕吐。就这样，从此恶心不再离开我，它牢牢地抓住我"（萨特，2000a：25）。那么主人公在恶心什么呢？"他那件蓝布衬衣在巧克力色的墙壁前显得欢快。这也产生了恶心，或者这就是恶心。恶心并不在我身上，我感到它在那里，在墙上，在背带上，在我四周。它与咖啡馆合二为一。我在恶心中。"（萨特，2000a：26）

应当说，当萨特的主人公（实际上是萨特自己）被恶心的情绪反应抓住后，他就实际地既处于自己的处境中，又不"在"（不能按照平常所规定的那样投入其中）自己的处境中，也就是，从日常的自然态度中走了出来，进入到一种特定的现象学态度之中。主人公的日记就是主人公自身对自己的情绪反应方式的反思式审视和文学的描述。

主人公通过他的反思式审视使得其处境中那些被"遮蔽"的事物和行为都显现出来。

2. 人的物化

在萨特的现象学观察下，属于人的事物不再具有通常的属性，而是被当作物一样的东西，加以描述。例如，萨特笔下的主人公观察到，"纸牌旋转着落在呢绒桌布上，然后几只戴着戒指的手拾起它们，指甲刮着桌布。手在桌布上构成白色的斑点，显得鼓胀，灰尘扑扑。纸牌不停地落下，手也来来回回地动。多么古怪，既不像游戏，也不像仪式，也不像习惯。我想他们这样做仅仅为了填满时间。但时间太大了，无法填满。我们往时间里投的一切都软化了，变得松弛。譬如这只红手，它踉踉跄跄地拾牌，这个动作太松弛无力，应该把它拆散、压缩"（萨特，2000a：27）。人的行为本来是充满意义的，被赋予社会性的，但是萨特把手的动作同人所赋予的它的意义分割开来，于是只剩下手、纸牌两者的关系，而这两者的关系与其说充满意义和具有价值，不如说是机械性的、随机的、无目的的和散漫的重复。正是透过这一现象学观察人们才发现，时间从隐蔽处显现出来，因为对人来说时间（生命本身的展现）总是最有价值和意义的东西，但是此刻却被手和纸牌的联合运动所扼杀。

3. 物的人化

另一项相关的现象学观察技术是物的人化。物的人化不是对物进行拟人的描述，而是把物视作能动的主体，来看"我"在这一主体面前的反应。例如，萨特写道："物体是没有生命的，不该触动人。我们使用物体，将它们放回原处，在它们中间生活，它们是有用的，仅此而已。然而它们居然触动我，真是无法容忍。我害怕接触它们，仿佛它们是有生命的野兽。"（萨特，2000a：15）在日常生活中，人们想当然地认为物是对象，是客体，是被使用和掌握的东西。但是，人们很难发现自己其实被各种各样的物所包围，被各种各样的物所支配和消费，被各种各样的物所掌控。正是透过物的人化，观察者才能看到物本身的运作，看到物和物之间的联合，以及物对人的主动关系。

4. 整体的印象化

处境中的个体，往往只看到自己身边的事物或者与自己直接相关的东西，而看不到自己所立身的较大的处境整体及其边界，那么如何使这一较大的整体及其边界显现出来呢？这时，萨特的技术是整体的印象化，即去观察处境中那些能够显示其一致性和普遍性，以及其边界性的东西，并通过对这些事物的描述，呈现整体。例如，萨特笔下的主人公身处周日的中产阶级人流中，就发现"我比正反方向的人流高出整整一头，我看见许多帽子，帽子的海洋。大多数帽子都是黑色的硬帽。有时一顶帽子被一只手臂举起，微微发亮的脑勺露了出来，然后，几秒钟后，帽子又沉沉地落下来"（萨特，2000a：54～55）。显然，主人公置身于其中的处境的整体性和边界是由"帽子的海洋"所界定的，同样也正是这一"帽子的海洋"将这一处境同其环境区别开来。

5. 差别的显微化

处境中的个体不仅会忽略整体处境，还会忽略处境中的差别。处境中的个体很容易把相似的行为视作意义相同的行为，而看不到处境中行动者之间的抽象区别（诸如阶级、地位、权力、声望等抽象物）。如何使行动者之间的抽象差别显现出来呢？萨特使用的是区别的显微化技术。例如，"街对面的人行道上，一位先生拢着妻子的手臂，凑到她耳边说了几句话，微笑了起来。她立刻小心翼翼地收起奶油色面孔上的一切表情，像盲人一样走了几步。这是明确的信号：他们要打招呼了。果然，片刻以后，这位先生便举起了手。当他的手指接近毡帽时，它们稍稍犹豫，然后才轻巧地落在帽子上。他轻轻提起帽子，一面配合性地稍稍低头，此时他妻子脸上突然堆出年轻的微笑。一个人影点着头从他们身边走过去，但是他们那似孪生的笑容并没有立刻消失。出于一种顽磁现象，它们还在嘴唇上停留了一会儿。当这位先生和夫人和我迎面相遇时，他们恢复了冷漠的神气，但嘴边还留有几分愉快"（萨特，2000a：56）。通过主人公对"打招呼"行为的显微观察，处境中三个行动者之间的阶级差别清晰地凸显了出来，即阶级差别这一抽象物并不一定表现在宏大的事物或景观中，而是时刻存在于最细微的面部变化、手的动作，以及身体的其他细微变化之中。

存在论的现象学是直面日常生活本身的方法论。它通过对个体自由可能性的积极向往，来探查日常生活中权能关系的无所不在，并揭示生活于其中的个体对权能关系的熟视无睹和俯首帖耳。在此，我们并不准备把这种方法论直接拿来去看实际的互动处境，去揭示互动处境中的框架。这样做的结果得到可能不是实际的互动处境中行动者所应用和呈现的框架，而是作为观察者和分析者的"我"所带有的框架。所以，我们将像戈夫曼一样，把存在论的现象学用来分析有关互动处境的文本。戈夫曼分析的材料包括新闻、卡通、喜剧、小说、电影、舞台剧等（Goffman，1986：15）。在丹辛（Denzin）等人对框架分析的批评文章中，他们也认为戈夫曼像进行文学批评那样，分析照片、小说、电影等文本（Denzin and Keller，1981）。在我们看来，这与其说是戈夫曼的弱点，不如说是戈夫曼基于自己的方法论，对社会学分析的一大贡献。因为，自此以后，上述种种文本首先成为具有揭示框架作用的数据，而不再只是虚构的娱乐产品，即那些经过了框架变换（调式变换或捏造变换）后的关于互动处境的情境再现，从而揭示和构建在特定历史－社会条件下行动者在某类互动处境中可能具有和应用的首要框架的类型。

四　框架分析的应用

这部分，我们将通过对小说文本的反思式解读，来构造在特定时期一群特定的行动者对某类互动处境可能具有的框架，从而展示框架分析的实例。

在此，被选中的文本是蒋子龙的《乔厂长上任记》。这篇短篇小说写于1979年，那个充满了改革和转折的时期。它既是"改革文学"的先声，也是"改革文学"的经典名篇。它既是写实的［用作者的话说，"写完自己的感觉是心里很畅快，几年来积压的所思所虑一泄而出"（蒋子龙，2019）］，也是虚构的（任何叙事都是对"现实"的虚构）。这篇小说甫一问世，就掀起了轩然大波，作为时代产儿的"小说"，反而成了时代的推手。然而，令人讶异的是，这样一部同时代紧密相连的作品，在四十年后，依然具有相当强烈的抓住人心的力量。为什么呢？当然，在此，我们并不是要分析这部小说的艺术创作技巧和艺术价值，而是把它当作某类现实的调式转换，从而来构造特定互动处境类型中行动者的框架。这里，我们的预设是：正是小说中所隐含的东西，既真实又扭曲地展示了现实生活中较为深层的结构性的事物，才使得其具有相当持久的感染力量。于是，循着小说给予我们的感染力量，通过存在论的现象学反观，分析者应当能够揭示和构造行动者的首要框架。

《乔厂长上任记》的整个文本由"出山"、"上任"和"主角"三个部分组成。这里，我们不打算分析整个小说，而仅针对"出山"中的"扩大会"，即揭示和构建改革开放的转折时期，处于经济发展中心位置上的中层干部在"扩大会"这一互动处境中的框架类型。

（一）"扩大会"

小说的正文，以"扩大会一上来就卡了壳……"（蒋子龙，1996：5），这样的布局开篇，极其醒目地点明了整个互动处境的形式——"扩大会"。如果我们撇开作者的写作技巧不谈，而是只反观我们作为读者自身的感受，会发现自己立即被这样一个卡了壳的"扩大会"吸引了进去，就像被某个有很大吸力的漩涡或某场很抓人眼球的游戏一样，没有任何"预备的"阶段，一下子就被带了进去。问题是：为什么读者会出现这样的反应？或者说，是什么东西把我们抓了进去，而我们又对之毫无反抗，坦然接受？显然，读者的反应不是来源于那个外在的、纸面上的、虚构的东西，而是读者自身对这一虚构的"扩大会"的认知和想象。也就是说，读者不是被抓进去的，而是迫不及待地、主动地走入其中的；即便不能参与其事，也要能侧目旁观。何以如此呢？想一想，我们是如何被各种各样的探险所吸引的。探险包括了什么样的结构足以引起我们的兴趣呢？似乎有两点：一是探险总是对秘密（并不是完全无知的领域，而是有所知而有所不知的领域）领域的搜索；二是探险者知道这一秘密的领域中有某种非常有价值的东西存在。理解了这类会议对读者的吸引力的来源，分析者也就看到了，作者在何处进行了调式转换。首先，作者把没有资格参与其事的读者，变成了一位有资格的观察者，带着读者径直走了进去；其次，作者还告诉读者，他将把讨论的议题和决策的过程清晰且有序地展现在读者面前。至此，分析者对此类会议参与者的首要框架可能会有如下认识：（1）资格感；（2）封闭感；（3）能力感。这三种基本的感受相互连接，共同构成了此类会议参与者的基本框架。资格感和封闭感构造了会议的空间性质，而这种由所有参与者构成的空间，具有把"事物"围在其中的效力；与此同时，只有进入到这一空间中的人、事和物才是具有意义的东西，这空间之外的东西，则没有意义。能力感始终针对的是众人的态度和事态变化。这种能力感首先决定了众人态度的价值，即它区分出众人态度中那些有意义的、值得讨论的东西，甚至还进一步区分出态度的价值等级。它还赋予那些被讨论事态可变性和方向性。由资格感和封闭感造成的空间，其作用恰恰在于参与者能够把某些态度从空间的外部带入进来，再把态度即将改变的决定输出到空间之外。所以说，这一空间是能力秘密发挥作用的空间，而这一能力又在于引起空间之外事态的变化。

（二）戏剧性张力的来源之一：事态的性质

当读者随着作者进入会议，立即感受到某种戏剧性的张力——会议的沉闷气氛，"但今天的沉闷似乎不是那种干燥的、令人沮丧的寂静，而是一种大雨前的闷热、雷电前的沉寂"（蒋子龙，1996：5）。对会议气氛的描写，无疑是作者用以吸引读者的写作手法。然而，值得注意的是，如果不考虑会议是沉闷的还是热烈的，即不考虑会议气氛的具体情况，那么会议总是被某种气氛笼罩着。假如会议的气氛是所有会议参与者处境定义的结果，那么造成会议气氛的原因就应该能够反映会议参与者的框架。是什么东西产生了会议的气氛呢？"算算吧，'四人帮'倒台两年了，1978 年又过去了六个月，电机厂已经两年零六个月没完成任务了。再一再二不能再三，全局都快被它拖垮了。必须彻底解决，派硬手去。"（蒋子龙，1996：5）紧随着会议气氛的烘托，作者直接告诉了读者造成会议气氛的缘由——事态是严峻的。因此，对于事态性质的认识和判断，即那种可以被称作事态感的东西，显然是会议参与者的框架的组成部分。对于分析者而言，问题是如何可能理解和构建那样一个历史特定时期具有特定位置的行动者的事态感？因为，分析者作为读者，在四十多年后已经很难理解"'四人帮'倒台两年了"、"1978 年又过去了六个月"和"电机厂已经两年零六个月没完成任务了"等这样的话语所要表达和传递的意义了。读者能够体会到事态是严峻的和紧迫的，但问题是那些可能的历史－社会中具体的行动者是怎样理解和认识事态的性质的呢？"四人帮"的倒台显然是具有重大历史意义的政治事件，它似乎标志着国家层面整体的某种转变。然而，在作者看来，这种上层的政治变动在经过了两年之后，它的效应并没有反映在基层工作的实际上，也就是，没有体现在电机厂生产计划任务的完成上。因此，在作者的描述中，事态的性质首先是同它的政治属性相关的。作者在此突出和放大的是事态的政治意义，所以对会议的参与者而言，事态的严肃性和紧迫性也是用它的政治意义加以度量的。换言之，对当时的行动者而言，事态的政治感产生了他们对事态性质的基本判断。此外，在引入事态的政治感的同时，作者还引入了时间这一维度。作为读者，我们可能已经非常熟悉事态的时间属性了，因为我们每时每刻都面临时间的规制，例如，上班的时间，工作的长短，是否在某个时间节点前完成了工作任务，等等。但是，对当时的行动者而言，时间可能不具有我们现在所赋予其的精确性和压迫性，或者，至少不像当下的行动者处处用时间规划和衡量自己的行动，并时刻感受着时刻、时期和时代的变动。至此，分析者大概可以说，当时历史－社会条件下的行动者似乎同时具有两种面对事态性质的框架——事态的政治感和时间感。这两种事态意义的组织框架也许比较纯粹地体现在不同类型的行动者身上，也许以不同比例混合在同一行动者身上，但是，这两种框架总是有张力的，而正是两种框架的张力造成了小说的戏剧性张力。

（三）戏剧性张力的来源之二：我、位置、利益和理想

在使读者明了事态的严峻性和急迫性之后，作者随之展开了对会议参加者互动的描写。其中具有强烈戏剧性的场面由以下因素构成。（1）机电局局长霍大道的不动声色，"他透彻人肺腑的目光，时而收拢，合目沉思，时而又放纵开来，轻轻扫过每一个人的脸"（蒋子龙，1996：5）。（2）小说主角的情绪压制，"他一双火力十足的眼睛不看别人，只盯住手里的香烟"（蒋子龙，1996：5）。（3）副局长及众人对主角的戏谑，"得啦，光朴，你又不吸，这不是白白糟蹋吗？要不一开会抽烟的人都躲你远远的"（蒋子龙，1996：6）。（4）小说主角的主动请缨和决心，"别人不说我先说，请局党委考虑，让我到重型电机厂去"，"我愿立军令状"（蒋子龙，1996：6）。此处，分析者需要追问，这几项要素何以会产生戏剧性张力，或者说，为何读者会被

小说中各种角色的行为所感染，或者受其引导，或者为之激动，或者为之不屑？在此，分析者必须反观自身情感的变化，并以此为线索找出自身何以能够进入到作者设置的情节中。当分析者反观自身对情节描述的反应时，首先会看到"我"的对象化，即分析者的"我"不再是旁观者，"我"似乎被角色的行为所吸收，变成了角色本身。这时角色的行为和表现就成了分析者的"我"的行为和表现，同时，角色之所见和所感成了"我"之所见和所感。于是，进一步的问题是，作为对象化了的"我"是怎样像角色一样看到的？

首先，"我"可能像角色一样感受着自己在整个处境中的位置。这一位置不是"我"在空间上的位置，而是更加抽象和微妙的，"我"同处境中的他人在阶序（是否平等）、立场（是否一致），乃至心理距离（亲近与隔膜）和道德评判（高视与鄙夷）方面的综合感受。正是这种综合的位置感，首先规划了"我"的看的行为。"我"可能像"局长霍大道"一样自如地以带有审视味道的方式来巡视处境中的每个人，是因为"我"觉得自己正处于一种"能够"这样巡视的位置上，因为在场的是"我"的部下，因为这是"我"的职责所在，因为"我"的巡视可以鼓励和安抚"我"所亲近的人，还可以向那些立场同"我"不同的人表示不满。简单地说，巡视和审视恰恰表明了"我"对自己优势地位的自信。

其次，"我"还能像角色一样感受到自己同事态的现实关系，即"我"的利益感。对"事态"的现状和"事态"可能变化的认知，其中不可或缺地包含"事态"对"我"的影响，这种影响可能是直接的、间接的，或者是无关的。因为"我"总是能够在事态或事态的可能变化中看到它对"我"的吸引和排斥，虽然被吸引或被排斥的是"我"，但"我"是不由自主地受到它的吸引或排斥。如果"事态"或"事态"的变化同"我"没有关系，就是说"我"被排斥于事态之外，那么无疑"我"虽在处境之中，也可以作为一位旁观者（当然"我"既可能作为积极的旁观者，也可能作为消极的旁观者），置身于"事态"之外。如果"事态"的可能变化同"我"有关，或"我"不由自主地受到它的吸引，那么"我"就不得不进入"事态"之中，看看它对"我"影响的方向和大小。不仅如此，"我"还要深入到"事态"的各种可能变化之中，并在其中发现对"我"有利的变化和不利的变化。最后，"我"必须对"事态"的可能变化根据常识的理由（在小说中，常识的理由是把工作岗位分成"肥缺"、"美缺"、"瘦缺"和"苦缺"的理论）做出自己的选择。

最后，"我"还能像角色一样感受到自己的理想我在事态上的投射，即"我"的事业感。每个行动者都可能具有一个自己对自己的最佳可能状况的想象和向往，以及他人对这一最佳可能状况的承认的期待，而这些就构成了行动者的一个理想我。这一理想我是超处境的，因为它是"我"的构成物，而非处境的要素。这一理想我可能是模糊的且未被自我所强烈感受到的，也可能是清晰的并被自己强烈感受到的。因此，这一处境以外的理想我，可能位于整体经验框架的边缘，也可能位于整体经验框架的中心。如果它始终处于"我"的经验框架的中心，那么在"我"所置身的各种处境中，"我"都是通过理想我来看待事态同"我"的关系的。"我"积极地在每一个事态中寻找实现理想我的可能性（理想我的时机）。于是，任何同实现理想我的可能性无关的事态，无论其中包含多少常识所认可和期待的利益，也是同"我"无关的事态；那些同实现理想我的可能性有关的事态，"我"都努力将其把握成时机，并据此来想象和规划"我"的可能行动。这就是"我"的事业感。当"我"在事态中看到了较大的时机或关键的时机之际，疑虑和兴奋可能同时袭来，抓住时机的渴望和小心谨慎的谋划也可能同时进行。

（四）戏剧性张力的来源之三：力量的对抗

小说中，作者赋予作品的另一处戏剧性张力，是通过分别引入主人公的搭档石敢和主人公的阻力冀申来实现的。作者既通过主人公对石敢的说服，描绘了石敢的外表冷漠和内在热诚，也通过副局长徐进亭和局长霍大道的对话，描绘了冀申的谋人、谋位而不谋事的行事习惯，从而为后续故事的展开埋下了伏笔。虽然就会议处境而言，作者完全可以不引入任何参会者之外的行动者，可以用其他的情节来引入对立的线索。然而，从读者的角度看，作者对两位行动者的引入又是极其自然的，不引入反而变得不现实了。那么为什么读者会被作者的两组对话吸引，并感受到两组行事之间的张力呢？当分析者反观他作为读者所受到的吸引时，他会发现这是他期待发生的东西。也就是说，读者自己在小说中寻找一种对抗，力量之间的对抗，以及力量结合方式之间的对抗，所以他才能够立即感受到力量对抗之间的张力带来的吸引力。小说促进读者继续阅读下去的动力似乎有两个来源：一个是读者对力量对抗的期待，另一个是读者对力量对抗方式的未知。而作者正是通过力量对抗的曲折展现，一方面满足读者的期待，另一面满足读者对未知的探求。这种力量对抗似乎包含两个层次。一个层次是力量团块的辨识，即读者总能够区别出各种对抗性力量的整体属性，或者像在象棋或围棋等棋类游戏中那样，给不同的力量涂上不同的颜色。另一个层次是力量的部分与部分的结合和对峙，即同一力量团块内部的行动者之间的协作或利用，不同力量团块内部的行动者之间的阻挠、反对或压制，甚至还有一力量团块内部的行动者转变成另一力量团块内部的行动者。因此，分析者似乎可以推论，现实中的行动者的首要框架也应当具有相似的力量对抗感，区别则在于现实中行动者的力量对抗感可能有不同的类型，亦即，现实中行动者对其力量对抗的目标和方法可能有不同的领悟。分析者，也就是现实行动者首要框架的构建者，当然可以顺着小说情节和故事的展开，来具体地构建出现实中行动者的力量对抗感的类型，不过这已经不是本文的任务了。

在此，我们呈现的分析，可能还很初步，很粗糙，也还很主观。然而，我们对这里展示出的分析对象和方法取向还是非常有信心的，因为它们具有可观的分析前景和应用前景，而且任何方法上的初步性和主观性都可以通过进一步的探索（比如扩大相关文本的范围、扩大感受者的范围或扩大分析者的范围）来改进。

五　结语

本文的最后一部分对前面的论述做一简明的概括。

（1）行动者们在处境中行事。他们的处境，可以根据卢曼的社会类型理论，划分为三个不同的时空尺度，即互动处境、组织处境和社会处境。

（2）互动处境中的个体行动者通过界定其处境（处境定义或情境形成）来引导其行事。然而，他们的情境形成不是随意的，而是由他们自身具有的处境认知框架产生的。

（3）互动处境中个体行动者的认知框架，是文化共享的和社会专门的，且具有元沟通功能的心理学上的结构物。特定互动处境的行动者之所以能够参与到互动处境中，端赖于他们既具有首要框架，又具有框架变换的能力。

（4）对互动处境的研究要求分析者能够分析地构造出特定文化－历史－社会背景下互动处境中的类型化的行动者之互动框架。

（5）存在论的现象学可以作为分析者从事互动处境之框架分析的方法论基础。

（6）框架分析的目的是：以存在论的现象学作为方法论的基础，试图通过对各种具体时代和文化－社会条件下产生的情境文本（对具体互动处境的描述，它的形式既可以是文字的，也可以是声音的或影视的）的分析，来构建具体时代和文化－社会中的行动者在特定互动处境中可能具有的框架类型。分析者可以通过自身对文本阅读感受的反观，来辨识文本作者的括置和框架转换的具体方式，进而揭示现实中行动者可能具有的首要框架。

参考文献

德尔默·莫兰，2017，《现象学：一部历史的和批评的导论》，李幼蒸译，北京：中国人民大学出版社。

蒋子龙，2019，《春江水暖鸭先知——关于〈乔厂长上任记〉的记忆》，光明网，2019 - 08 - 09，https://news. gmw. cn/2019 - 08/09/content_33065050. htm。

蒋子龙，1996，《乔厂长上任记》，载《蒋子龙文集》（第二卷），北京：华艺出版社。

卡尔·波普尔，2005，《客观知识：一个进化论的研究》，舒炜光、卓如飞、周柏乔、曾聪明等译，上海：上海译文出版社。

罗伯特·索科拉夫斯基，2009，《现象学导论》，高秉江、张建华译，武汉：武汉大学出版社。

马丁·海德格尔，2018，《存在与时间》（中文修订第二版），陈嘉映、王庆节译，北京：商务印书馆。

让 - 保罗·萨特，2000a，《恶心》，桂裕芳译，载沈志明、艾珉主编《萨特文集》（第 1 卷 小说卷），北京：人民文学出版社。

让 - 保罗·萨特，2000b，《什么是文学》，施康强译，载沈志明、艾珉主编《萨特文集》（第 7 卷 文论卷），北京：人民文学出版社。

让 - 保罗·萨特，2000c，《提倡一种处境剧》，施康强译，载沈志明、艾珉主编《萨特文集》（第 7 卷 文论卷），北京：人民文学出版社。

让 - 保罗·萨特，2005，《存在主义是一种人道主义》，周煦良、汤永宽译，上海：上海译文出版社。

让·皮亚杰、B. 英海尔德，1980，《儿童心理学》，吴福元译，北京：商务印书馆。

让·皮亚杰，1984，《儿童的道德判断》，傅统先、陆有铨译，济南：山东教育出版社。

威廉·巴雷特，1995，《非理性的人》，杨照明译，北京：商务印书馆。

维特根斯坦，2000，《哲学研究》，李步楼译，北京：商务印书馆。

Argyle, M., Adrian Furnham, and Jean Ann Graham. 1981. *Social Situations.* Cambridge：Cambridge University Press.

Ball, D. W. 1972. "The 'Definition of Situation'：Some Theoretical and Methodological Consequences of Taking W. I. Thomas Seriously. " *Journal of the Social Behaviour* 2 (1)：61 – 82.

Barwise, J., and John Perry. 1983. *Situations and Attitudes.* Cambridge：MIT Press.

Bateson, G. 1978. *Steps to an Ecology of Mind：A Revolutionary Approach to Man's Understanding of Himself.* New York：Ballantine Books.

Boyd, B. 2016. "Popper's World 3：Origins, Progress, and Import. " *Philosophy of the Social Sciences* 46 (3)：221 – 241.

Carr, B. 1977. "Popper's Third World. " *The Philosophical Quarterly* 27 (108)：214 – 226.

Craib, I. 1978. "Erving Goffman：Frame Analysis. " *Philosophy of the Social Sciences* 8 (1)：79 – 86.

Denzin, N. K., and Charles M. Keller. 1981. "Frame Analysis Reconsidered. " *Contemporary Sociology* 10 (1)：52 – 60.

Dixon, J. E., Rhys Dogan, and Alan Sanderson. 2009. *The Situational Logic of Social Actions.* New York：Nova Science Publishers.

Glasersfeld, E. Von. 1995. *Radical Constructivism：A Way of Knowing and Learning.* London：The Falmer Press.

Goffman, E. 1986. *Frame Analysis：An Essay on the Organization of Experience.* Boston：Northeastern University Press.

Goffman, E. 1983. "The Interaction Order：American Sociological Association, 1982 Presidential Address. " *American Sociological Review* 48 (1)：1 – 17.

Goffman, E. 1964. "The Neglected Situation." *American Anthropologist* 66 (6_ Part 2): 133 – 136.

Gonos, G. 1977. " 'Situation' versus 'Frame': The 'Interactionist' and the 'Structuralist' Analyses of Everyday Life. " *American Sociological Review* 42 (6): 854 – 867.

Hardie, B. 2020. *Studying Situational Interaction: Explaining Behaviour by Analysing Person-Environment Convergence*. Cham: Springer.

Hedström, P. , Richard Swedberg, and Lars Udéhn. 1998. "Popper's Situational Analysis and Contemporary Sociology. " *Philosophy of the Social Sciences* 28 (3): 339 – 364.

Kemper, T. D. , and Randall Collins. 1990. "Dimensions of Microinteraction. " *American Journal of Sociology* 96 (1): 32 – 68.

Luhmann, N. 1982. *The Differentiation of Society*. New York: Columbia University Press.

Lyman, S. M. , and Marvin B. Scott. 1989. *A Sociology of the Absurd*. Pix Hills: General Hall.

MacHugh, P. 1968. *Defining the Situation: The Organization of Meaning in Social Interaction*. Indianapolis: Bobbs-Merrill.

Maiwald, K. , and Inken Suerig. 2020. *Microsociology: A Tool Kit for Interaction Analysis*. London, New York: Routledge.

Park, D. , and Yuji Moro. 2006. "Dynamics of Situation Definition. " *Mind, Culture, and Activity* 13 (2): 101 – 129.

Stebbins, R. 1967. "A Theory of the Definition of the Situation. " *Canadian Review of Sociology/Revue Canadienne de sociologie* 4 (3): 148 – 164.

Thomas, W. I. , and Dorothy Swaine Thomas. 1928. *The Child in America: Behavior Problems and Programs*. New York: A. A. Knopf.

身体技艺的研究：若干理论和方法上的探讨

  《庄子·秋水》中有这样一句话："且子独不闻夫寿陵余子之学行于邯郸与？未得国能，又失其故行矣，直匍匐而归耳。"（郭庆藩，2013：601）这句话指的是一则寓言故事，今天我们称它为"邯郸学步"。这则故事的大意如下。战国时，赵国国都邯郸人走路姿态优美、洒脱，很得其他国家的赞赏。在燕国的寿陵有一个少年，由于羡慕和迷恋邯郸人的走路姿态，特意到邯郸学习。他虽然非常用心观察、模仿和练习，但是他不但没有学会别人走路的方法，反而忘了自己原来走路的方法，只能匍匐而归了。在读到或想到这则寓言时，人们都能够明了它的寓意。然而，我们很容易忽略其中包含的深刻的科学问题。①为什么人们走路的姿态会不一样？②学他人走路的方法为何困难？③学习他人走路不可能吗？如果可能，那么有好的方法吗？当然，本文并无意去解决上面的问题。之所以会提出上面的问题，是因为它们指向了一个概念，即身体技艺（techniques of the body）。日常生活中，人们的行、站、坐、卧等种种行为都不是自然的，而是特定文化和特定社会中使用身体的技术。身体技艺是所有处境行动的要素，但研究者们在很大程度上忽视了对它的研究（Crossley，1995，2007，2015；O'Connor，2005；Shilling，2018；Wacquant，2004；Williams and Bendelow, 1998)① 因此，本文的目的是：（1）阐明莫斯关于身体技艺的概念；（2）透过身体技艺的概念，梳理经典作家在这一题目下的论述，从而深化对身体技艺概念的理解；（3）提出一个研究身体技艺的纲要；（4）提出一个研究身体技艺的方法设想。

一　莫斯的身体技艺的概念

身体技艺这一概念是由莫斯提出的，是他的一个原创性贡献（Mauss, 1973）。关于这一概念，他仅有简短而富有启发性的论述，并没有展开。在此，我们选择他观点中较为重要的方面，做一综括。

（一）身体技艺的性质

1. 身体技艺的社会性

莫斯的身体技艺概念所指向的现象并不复杂，甚至是社会生活中最鲜明的东西，比如，步行、站立、吃饭、睡觉，诸如此类，是由人的身体所展现出来，可以被他人明确观察到的活动。这些可观察到的身体活动具有明显的社会性，用莫斯的术语说，它们是社会"特有的"或有社会的"独特性"。身体技艺的社会独特性表现在许多方面。有同种行为的社会区别，即出于同一目的或具有同一功能的身体活动，具体展现的方式在不同的社会间有区别，如英国和法国军队队列行进之间的区别。有同种行为的时代变化，如跑步方式或游泳方式的时代变化。有同种行为的流行变化，如一个国家的女性通过电影、电视等媒体学习他国女性走路或提包的姿态。有同种行为的阶层分化，如同一社会中中上层群体同下层群体在见面礼仪上的区别。有同

---

① 目前有许多文献虽然以身体研究为中心，但是它们研究的主要内容是关于身体的意识或认识（Leder, 1990; Shilling, 2005; Turner, 2008; Williams & Bendelow, 1998），而没有像莫斯一样，认识到身体技艺才是社会生活的基本要素。

一行为的意义区别，如凝视在军营中表示对长官的尊重，在日常生活中表示对他人的不礼貌。身体技艺的最重要且相互关联的两个特征是习得性和变化的刚性。一方面，这些用以实现某种目的或某一功能的身体活动不是自然而具有的，而是长期学习的结果。另一方面，这些通过不断的试错学习和反复实践而获得的身体活动的确定方式，一旦"固化"在个体的身上就难以移除，或用新的方式来替代旧的方式。

2. 身体技艺作为习性

莫斯把身体技艺看作一种习性（habitus）。他认为，"习性"一词"比习惯或习俗要好"，也不同于"亚里士多德的'获得的能力'和'才能'"的观念（Mauss，1973）。关键在于，身体技艺所体现出的身体活动方式，并非根据个体和他们的模仿力而变化，而是在不同社会、基于不同的教育方式、依据不同的礼仪和流行时尚以及声望、地位而有所区别。同时，这些身体活动的方式表现的是集体和个体的实践理性的技术方面和工作方面，而不只是心灵和心灵的重复能力。莫斯之所以把身体技艺看作习性，更重要的一点，可能是他要求从"总体的人"的三重视角来理解它。他指出，"这些技艺既是机械的和物理的，好像步行的解剖学的和生理学的理论，同样也是心理学的和社会学的"（Mauss，1973）。从社会学的视角来看，其中关键的一点是"教育事实的支配性"。对个体而言，他们的身体技艺无疑都来自对他人的模仿，虽然他们的模仿能力或有区别，但是在一定社会中，他们都要经历同样的教育。此外，他们的模仿都是基于声望的模仿，即儿童、成人所模仿的，是"由他所信任的人和对他有权威的人，曾经成功实施和在他面前曾经成功实施的行事"（Mauss，1973）。从心理学的角度看，身体技艺的学习和展现既需要一定的心理条件，也会产生相当的心理后果。前者好像澳大利亚土著在捕猎之前的巫术仪式；后者好像技艺高超的登顶运动员在悬崖边显示出的镇定。从生理学的视角看，身体技艺是一整套装配起来的行动，有其神经的、生理的、化学的和机械的运动基础。在莫斯看来，很关键的一点是，三个方面在具体的身体技艺的习得和展示过程中是混在一起的。

3. 身体技艺作为技艺

身体技艺的关键在于它是一项关乎身体和由身体的活动展现的技艺。在莫斯看来，"如果一项行动，它是有效能的且传统的，则为技艺"（Mauss，1973）。也就是说，这一关乎身体又由身体展现的活动，必须既有效能，又符合传统。在莫斯看来，似乎存在着两种类型的身体技艺，一种可称作工具的身体技艺，另一种可称作符号的身体技艺。工具的身体技艺，"是一项机械的、心理的或物理 – 化学的顺序的行动，追求确定的目标"（Mauss，1973）。这里，人把自己的身体当作工具，来实现他们对自然环境的适应。符号的身体技艺，包括巫术行动、宗教行动或法律行动中的身体动作，它们追求道德的、礼貌的、法律的或宗教的目标。然而，无论是工具的身体技艺，还是符号的身体技艺，都既必须是有效能的（目标实现和效率），也必须是传统的（通过技术传递来实现它的稳定性和变异性）。

根据上面的说明，莫斯似乎会将身体技艺定义为：通过教育和模仿在个体的身上装配起来的一组动作，而这组动作既是有效能的，又是传统的；同时，一系列此类动作又构成了他们社会性的基础；最后，这组动作既具有社会的特有性，又可能具有不同程度的社会的区别性和可变性。

（二）身体技艺的分类原则

莫斯认为可以根据四项原则——性别原则、年龄原则、效能原则和传递方式——来划分身体技艺的类别。性别原则，如男女在走路步态上的区别。年龄原则，如随着年龄的增长"蹲"的技术在成年时候的退化或消失。效能原则，是根据训练的结果来对身体技艺划分等级。例如，可以根据"巧"的标准为身体技艺划分等级。最后，传递方式，由于身体技艺要依赖传授，所以可以根据教学和练习的性质来分类。例如，武术的师徒授受和现代士兵技能的军事操练之间的区别。

针对身体技艺，莫斯还从民族志调查的需要出发，根据人的生命历程的四个阶段（出生、婴幼期、少年和成年）开列了一张翔实的名单。此外，莫斯还从更一般的角度，给予身体技艺更一般的理论意义和某些富有启发性的研究思路（比如，身体技艺和种族的发展，或道家的身体技艺同"神"的关系）。

莫斯的身体技艺的概念，无疑是极有洞见性和启发性的。它为我们提供了一个新的研究对象，使我们能够重新阅读经典作家的相关论述，并获得对这一概念更广泛和更深入的理解。

二　身体技艺与经典文本

在这部分，我们将透过身体技艺的概念，重新认识经典文本中的一些相关论述和相关思想。

（一）身体技艺与劳动分工

莫斯在其著作中完全没有论述身体技艺同劳动分工之间的关系，这可能是他有意的选择，其理由已不得而知了。然而，从社会学的立场而言，成人的身体技艺首先是在劳动过程中展现出来的，所以身体技艺同劳动分工有着密切的关系，甚至可以说有着本质的关系。较早注意到身体技艺同劳动分工之间关系的经典作家是政治经济学的两位奠基者——配第和斯密。

1. 海员及其训练

配第在《政治算术》一书中写道："农民、海员、士兵、工匠和商人，在任何国家都是社会的真正支柱。所有其他职业，都是由于作为支柱的人们有缺点或不能完成任务而产生的。一个海员一身兼任上述四种人中的三种。因此每一个勤勉而又机敏的海员,不单是一个航海家,而且是一个商人,同时也是一个士兵。其原因并不在于海员时常有作战和执掌武器的机会,而在于他们经常生活在有断送性命或丧失四肢之虞的灾难和危险之中。由上述海员的资格看来,训练和操练等作业,只是军事训练的一小部分,这是能够很快甚至立即学会的;但是其他方面则不经过长年而又充满痛苦的过程,是学不会的。因此能够拥有许多海员,是个无法估量的有利条件。"(配第,2014:24)这里配第关注到海员的海上生活的需要、他们的训练和操练,以及长期的学习过程,使他们能够一身而兼三任。在该书的另一处,配第还指出,培养海员不能用把新手集中在军舰上的方法,只能通过把他们分配到小船上的方式。比如,每十人的船上,配两名新手。这样,他们才能通过各种各样的勤务、利用各种机会培养自己各方面的能力,才最终能成为合格的海员。配第同时指出,培养一个海员平均需要三年至四年的时间。另外,三名海员才能培养出一名新海员。配第虽然没有身体技艺的概念,但是他已经注意到了海员工作所需的技能需要专门而长期的传授和训练,而这种技艺一旦获得,他们就可以兼任士兵(海员的身体技艺同士兵的身体技艺有重叠的地方)。与此同时,通过把海员与农民、工匠的并列,我们还可以看出,这三者的身体技艺是有区别的。

2. 劳动分工的效率来源

真正把身体技艺同劳动分工联系在一起的,是斯密的《国民财富的性质和原因的研究》。斯密在论述劳动分工时,开篇即明言:"劳动生产能力上的最大增益,以及在劳动中更大比例的技能、熟练和判断的投入和应用,似乎都是劳动分工的效果。"(Smith,1937:3)斯密以令人印象深刻的方式介绍了扣针制造业的劳动分工。斯密指出,一个工人如果没有受过相关行业的训练,不知道该如何使用特定的机械，那么即便他工作非常努力，在一天中，他可能做出一根完整的针，但肯定不能做出二十根针。当整个行业分成许多专门的部门后，"一个人抽铁线，一个人拉直，一个人切截，一个人削尖线的一端，一个人磨另一端，以便装上圆头。要做圆头，就需要有二三种不同的操作。装圆头，涂白色，乃至包装，都是专门的职业。这样，扣针的制造分为十八种操作。有些工厂，这十八种操作，分由十八个专门工人担任"（斯密，1983：6）。斯密进一步告诉我们，即便是在一个小工厂中，有几个工人担任两三种操作，在简陋机械的帮助下，他们能够一日成针 12 磅，即平均每人成针 4800 枚。劳动分工之所以能够带来生产效率的极大提高，斯密说原因有三：一是劳动的熟练程度（dexterity）的提高；二是节省了从一项工作到另一项工作转移中浪费的时间；三是机械的发明。其中，第一项和第三项都同身体技艺的发展有密切的关系。当然，同身体技艺联系最密切的，还是劳动动作的专门化带来的熟练程度的巨大提高。斯密说，"在此等制造业中，有几种操作的迅速程度简直使人难于想象，如果你不曾亲眼见过，你决不会相信人的手能有这样大的本领。"（斯密，1983：9）

（二）身体技艺与工场手工业和机器大工业

马克思从资本对雇佣工人的劳动能力的剥削和异化的角度，以非常理论化的方式，讨论了工人的劳动技能同工场手工业和机器大工业发展之间的关系，从而为我们研究身体技艺同现代社会的发展奠定了理论基础，提供了一个研究路径。

1. 身体技艺与工场手工业

我们把马克思在论述工场手工业中涉及身体技艺的方面概括为以下几点：职能化，局部化和协作，分化和等级化。

职能化。关于身体技艺的职能化，配第和斯密等作家都已有论述，马克思只是在更高的理论抽象水平上做了论断。马克思在《资本论》中写道："工场手工业的产生方式，它由手工业形成的方式，是二重的。一方面，它以不同种的独立手工业的结合为出发点，这些手工业非独立化和片面化到了这种程度，以致它们在同一个商品的生产过程中成为只是互相补充的局部操作。另一方面，工场手工业以同种手工业者的协作为出发点，它把这种个人手工业分成各种不同的特殊操作，使之孤立和独立化到这种程度，以致每一种操作成为一个特殊工人的专门职能。"（《马克思恩格斯文集（第五卷）》，2009：392）与此同时，"不管操作是复杂还是简单，它仍然是手工业性质的，因而仍然取决于每个工人使用工具时的力量、熟练、速度和准确。"（《马克思恩格斯文集（第五卷）》，2009：393）

局部化和协作。如果说职能化涉及的是工人个体，那么局部化和协作涉及的则是个体的器官。马克思指出，当工人的局部劳动独立地成为一个人的专门职能后，相关的局部劳动的方法也日趋完善。也就是说，"经常重复做同一种有限的动作，并把注意力集中在这种有限的动作上，就能够从经验中学会消耗最少的力量达到预期的效果"（《马克思恩格斯文集（第五卷）》，2009：393~394）。在工场手工业中，一方面是身体技艺的局部化，另一方面同一工作目标的存在，又迫使这些在不同个体上局部化发展了的器官，必须密切地配合起来。马克思举例说："在玻璃炉的每一个炉口旁都有一个小组在工作。这种小组在英国叫做'炉口'，它由一个制瓶工或精制工、一个吹气工、一个收集工、一个堆积工或研磨工和一个搬入工组成。这五个局部工人形成一个单一的劳动体的五个特殊器官。这个劳动体只有作为一个整体，即只有通过五个人的直接协作才能起作用。如果这个由五个部分构成的躯体少了一个成员，它就瘫痪了。"（《马克思恩格斯文集（第五卷）》，2009：402）

分化和等级化。马克思还发现，在手工业阶段，每一门手艺都会排斥非熟练工人，但是工场手工业中在"靠牺牲完整的劳动能力使非常片面的专长发展成技艺"的同时，它驱使一些工人纯粹出卖自己的体能，使得"没有任何发展开始成为专长"（《马克思恩格斯文集（第五卷）》，2009：406）。于是，这就在工人之间造成了熟练工人和非熟练工人的分化，进而在工人中间造成了等级的划分。

马克思不像配第和斯密等人，只看到分工所产生的效能和效率，而是第一个看到了分工对劳动者的身体技艺带来的革命性变化。他指出，"工场手工业却使它彻底地发生了革命，从根本上侵袭了个人的劳动力。工场手工业把工人变成畸形物，它压抑工人的多种多样的生产志趣和生产才能，人为地培植工人片面的技巧"（《马克思恩格斯文集（第五卷）》，2009：417）。"在工场手工业中，总体工人从而资本在社会生产力上的富有，是以工人在个人生产力上的贫乏为条件的。"（《马克思恩格斯文集（第五卷）》，2009：418）

2. 身体技艺与机器大工业

如果说在工场手工业中，工人还在使用工具，还是自己的身体的主人，那么机器的使用和发展则完全颠倒了劳动和工具的关系。马克思指出，"在工场手工业和手工业中，是工人利用工具，在工厂中，是工人服侍机器"（《马克思恩格斯文集（第五卷）》，2009：486）。在马克思看来，机器的使用和发展彻底地摧毁了与劳动相关的身体技艺存在的社会基础。他指出，一方面，"就机器使肌肉力成为多余的东西来说，机器成了一种使用没有肌肉力或身体发育不成熟而四肢比较灵活的工人的手段"（《马克思恩格斯文集（第五卷）》，2009：453）；另一方面，"一切在机器上从事的劳动，都要求训练工人从小就学会使自己的动作适应自动机的划一的连续的运动。只要总机器本身是一个由各种各样的、同时动作并结合在一起的机器构成的体系，以它为基础的协作也就要求把各种不同的工人小组分配到各种不同的机器上去"（《马克思恩格斯文集（第五卷）》，2009：484）。而最终的结果是，"机器劳动极度地损害了神经系统，同时它又压抑肌肉的多方面运动，夺去身体上和精神上的一切自由活动"（《马克思恩格斯文集（第五卷）》，2009：486~487）。用马克思的概念说，机器使得劳动者整个的空虚化了，与此同时，科学、自然力和社会的群众性劳动都体现在机器体系中，又使机器体系变成压迫"主人"的权能。

（三）身体技艺与礼貌

埃利亚斯从礼貌的现代发展的角度，考察了与之相关的行为、工具以及心理的变化（埃利亚斯，2009）。在此，我们从身体技艺的概念出发，对他的考察和理论做一概述。

埃利亚斯认为，以16世纪伊拉斯谟的《男孩的礼貌教育》的出版为代表，西方世界开始了以"礼貌"观念为引导的，在身体技艺上的长期且连续的定向发展。该书共分为七章，第一章中讲到了"身体各部分的礼貌和非礼貌行为"；第二章中讲到了"身体的保养"；第三章中讲到了"在教堂里的礼貌"；第四章中讲到了"就餐时的规矩"；第五章中讲到了"聚会"；第六章中讲到了"游戏"；第七章中讲到了"卧室"。在那本小册子中，伊拉斯谟极其详尽地罗列出贵族出身的儿童应当接受的种种身体教育。例如，伊拉斯谟提到，贵族的儿童应当表现出"外表得体的行为"。例如，"人的目光应该柔和、真诚、宁静，而不应该空洞、冷漠或像阴险恶毒的人那样东张西望"（埃利亚斯，2009：52）。这类"外表得体的行为"是上流社会区别于下层社会的高雅标志之一。

埃利亚斯告诉我们，在这一身体技艺的礼貌化进程中，以准则和戒律的方式，将身体行为区别为礼貌的行为和恶习，是这一进程的第一个值得注意的方面。比如，在吃饭时应当用三个手指取食，而不应当像猪一样把嘴拱在汤盆里，埋着头，连眼睛也不往上看一下。

这一进程中另一值得注意的反面，是身体技艺的细化。这一细化是全方位的，比如眼睛应当怎样看，就餐时该如何取得食物，咀嚼时该如何控制声响，该如何咳嗽、吐痰和擤鼻涕等。

在这一进程中，有许多礼仪工具的发明和使用。比如，"就餐时应该使用的东西有：一块餐巾，一个盘子，刀、匙、叉各一把，少一件便是违反规矩"（埃利亚斯，2009：100）。随着这些礼仪工具的发明和使用，人们就不得不学会有礼貌地、符合规矩地使用这些工具的身体技艺，例如在餐桌上使用餐刀和餐叉的技艺。与礼仪工具的发明和使用相关的是身体技艺的标准化。埃利亚斯指出，"正在变化的礼仪中的任何细小习惯都是极其缓慢地被普遍接受的，甚至连那些在我们看来是非常基本的、完全'合情合理'的事情，比如像用匙来喝流汁这样的习惯，也是如此。每一个动作，比如像拿刀、拿匙、拿叉的姿势和如何来使用这些餐具等等，都是一步一步地达到统一，从而标准化的"（埃利亚斯，2009：112～113）。

在埃利亚斯看来，这一礼貌进程的动力是羞耻水准的不断提高和身体化。埃利亚斯指出，"一些在中世纪丝毫不会使人感到难堪的行为方式，逐渐地会令人产生不快的感觉。难堪的水准通过相应的社会戒律表达了出来。据观察，这些禁忌不外乎礼仪化和制度化了的不快、难堪、恶心、恐惧和羞耻等感觉。这些感觉是社会在特定的环境中培养起来的"（埃利亚斯，2009：132）。同时，"在几百年的社会历史进程中，逐渐前移的羞耻感和难堪的水准正是以这种方式以缩短的形式在某个人身上再现"（埃利亚斯，2009：134）。因此，礼仪化的身体技艺同个体的羞耻感有着内在的联系，或者用埃利亚斯的概念说，它们是"并行发展"的。

埃利亚斯还提醒我们注意这一进程中教育方式的作用，虽然他对此仅仅略有涉及。比如，伊拉斯谟是通过为君主的子女写作小册子来推进一种礼貌的教育。埃利亚斯还提到，"因为法国的教育和学校大部分掌握在教会组织的手里，所以通过教会的媒介，当然，以教会为主，但不仅仅是局限于教会的媒介，越来越多的礼貌书籍像潮水般地涌向全国。它们成了儿童基础课的辅助教材并经常与识字用的启蒙教材一起刊印发行"（埃利亚斯，2009：107）。由此，我们似乎可以得到一个论断，这一礼貌化的身体技艺的发展进程同儿童教育方式的改进有着内在的联系。

埃利亚斯还提出了一个礼貌化的身体技艺的传播模型。他指出，"人们清楚地看到，首先是一些较小的圈子形成变化的中心，然后这些变化又逐渐地在其他广大的阶层扩展。这一扩展本身便是以某种一定的人际关系，也就是说，是以一种特定的社会结构为前提的。如果形成这些模式的圈子和广大阶层没有产生出这样的生活条件，或者说没有产生出这样一种允许并要求情感和行为方式逐步发生变化的、允许并要求难堪界限前移的社会状况，那么这种变化肯定是无法实现的"（埃利亚斯，2009：121～122）。简单地说，在一定社会前提下，"一部分人的任务是形成模式，而另一部分人的任务则是领会和推广这一模式"（埃利亚斯，2009：122）。

埃利亚斯还指出，在身体技艺礼貌化的同时，贵族和武士传统的战斗技能和决斗习俗也同时发生变化。这一传统的变化产生了两个现代生活的身体技艺的展示领域——竞技和表演。从16世纪开始，贵族和武士之间的决斗逐渐被竞技所取代，即"短兵相接不再是不言而喻的事，游戏活动重新得到思考"（维加埃罗，2013：178）。竞技最重要的特征在于："比赛是为了展现，甚至是为了夸饰，以外表而非战斗来吸引眼球。"（维加埃罗，2013：182）变化的另一个方面是古典芭蕾同贵族和几何学的结合，"他们以其步伐严密的几何图形而使舞蹈因拥有机械般的精确性而得到美化"（维加埃罗，2013：187）。

（四）身体技艺与纪律

另一个同身体技艺的现代发展相关的因素是现代纪律的兴起。关于现代纪律的兴起及其影响有两位经典作家值得关注，一位是韦伯，另一位是福柯。在此，我们从身体技艺的角度，对他们关于纪律的论述稍加梳理。

1. 纪律作为官僚制的要素

在经典社会学家中，韦伯可能是最早给予纪律以理论论述的。[1] 他在《经济与社会》中屡次论及纪律，并在论及现代官僚制的部分，专门讨论了现代纪律的性质、内容和起源。

按照韦伯的定义，所谓纪律，是指"习惯的塑造，从而以模式化的形式，不加思索地接受一个命令和自动地服从它的可能"（Weber，1978：53）。同时，韦伯还指出，"纪律的观念包括无批评的和无抵抗的大众服从之习惯性特性"（Weber，1978：53）。

在韦伯看来，现代纪律有两个特征：一个关乎个体的执行，另一个关乎众人的一致。韦伯指出，个体行动者对所接受的命令必须予以一贯理性地，方法上有准备地，而且还要切实地执行；同时，在执行的过程中，他必须坚定且断然地准备执行命令的要求。纪律的另一个作用是把每一个个体的行动整编成整体的行动，这就要求"多数人按照某种理由整齐划一地服从"（Weber，1978：1149）。

在现代纪律兴起之初，它要与之斗争的，是勇猛战士的"狂迷暴怒"行为和骑士的"荣誉崇拜"行为，因为前者的行为是非理性的，后者的行为则缺乏就事论事的特征。纪律的目标在于，通过"训练"使得个体的行为达到机械般的反应，以取代英雄忘我和对领导的恭顺。

西方的纪律虽然有其古老的传统，诸如希腊人与罗马人的重装步兵，以及修道院内的集体戒律和修炼方法，然而，现代纪律的兴起则源自战争和军队。最突出的事实有二：一是荷兰奥伦治公爵威廉一世

---

① 马克思在《资本论》中多次提到了资本家通过纪律来加强对工人的剥削，但他没有对纪律的概念予以专门讨论。

之子摩瑞兹麾下的荷兰军队，是近代纪律化的、被解除一切身份特权的最初几支军队之一；二是克伦威尔之所以能战胜强悍勇猛的骑士军，还得归功于冷静、理性的清教徒纪律。在论述现代纪律的战争起源时，韦伯还注意到，"战士与战争经营手段的分离，以及，战争经营手段之集中于军事支配者的手中，无论何处皆是群众纪律之典型的基础"（韦伯，2004：345）。

最后，韦伯提示我们注意，在美国的科学管理的系统下，纪律达到了顶峰，即"人类的精神肉体机制完全调适于外界，亦即工具与机械"（韦伯，2004：346）。也就是说，在劳动者自身的有机结构所产生的自然节奏被消除的同时，他们的肌肉功能被有计划地分割和形塑，从而用于配合劳动机械的新节奏。

2. 福柯关于身体和纪律的分析

如果说韦伯开启了对纪律的探讨，那么可以说福柯是第一个从批判的视角，给予纪律以较为深入的理论分析的人（Foucault，1995）。

（1）关于权能的微观物理学

福柯同样也是从士兵的军事训练入手来分析纪律对身体的作用。不过，他的分析更具有穿透力和揭示力，充分显示了纪律的基础作用和普遍作用。他首先发现，西方自 18 世纪后期开始，无论是从实践上，还是从理论上，都把士兵变成可塑造的事物，好似可以"从一堆无形体的泥土，或用一具不适宜的肉体，锻造出为人所需的机器"（Foucault，1995：135）一样。士兵的身体一方面被操控，被形塑，被训练，另一方面又被要求身体的服从、响应，并且变得有技巧和更加有力量。指导纪律对身体的训练的中心观念是所谓的"驯顺性"（docility），即把人的身体看作权能的小尺度模型，一方面具有可拆解性，另一方面又有可操控性或可拼装性。

在福柯看来，纪律对身体的权能作用包括三个方面。第一是运作范围的不断精细化。纪律的实践者们不再把人体当作不可分割的整体对待，而是从身体的各个机能上，诸如从动作的姿态、速度和方向上，逐一来把握，施加微妙的强制。第二是控制对象的改变。人们对身体的操控不再针对它所体现的符号或身体语言，而是力求从中培养出具有经济效能的力量。第三是控制方法的变革。新方法以一种不间断的方式对身体施加强制。它时刻监督着身体动作的每一个过程，而不仅仅是动作的结果。它尽可能地根据身体动作经过的时间、空间，把身体运作的每个部分通过编码来加以操练。通过纪律的作用，人的身体一方面变得更加有力量，另一方变得更加顺从和听从命令。福柯指出，纪律的权能作用，关键在于分离和颠倒。分离是指把身体的每一项"才能"或"能力"都变成权能作用的对象加以锤炼，从而将其变成真正的力量。颠倒则是改变推动力量运动的动力源，即把力量的主人变成服从者。所以，福柯把纪律称作"关于权能的新的微观物理学"（Foucault，1995：26）。

（2）一种针对细节的政治解剖术

这一微观物理学的核心技术建立在对细节的把控上。福柯指出，"'细节'早就是神学和禁欲主义的一个范畴。任何细节都是重要的，因为在上帝眼中，再大的东西也大不过一个细节，再小的东西也要受到他的某种意愿的支配。在这种尊崇细节的重要传统中，基督教教育、学校教育和军事训练的一切细节，各种'训练'方式，都很容易各得其所"（福柯，2012：158）。为了控制和使用人，西方培育起对细节的仔细观察和对小事物的政治敏感的习俗，还发明了一整套的技术，其中包括相关的方法、知识、描述、计划和数据。

这种身体的各种细部训练技术主要建立在对时间的解析的基础上。当人们开始按四分之一小时、分和秒来计算时间时，在纪律的作用下身体的动作变得愈加精确、专注、有序。首先，对身体动作本身的时间规划。新的时间工具，也就是时间表，成为身体动作的一般运动框架，成为一种程序，从而通过把身体的各个部分都分解开来，来规划每一个细微动作的方向、力度和时间。其次，重新建立整个身体同细微动作姿态间的联系。"纪律控制不仅仅在于教授或强加一系列的特殊姿态，它还造成了一种姿态与全身位置之间的最佳联系，而这正是效能和速度的条件。"（Foucault，1995：152）再次，构建起身体同身体操作的对象（工具）间的连接。通过"操练"手册，受训者的整个身体被编码成两个并行的序列，一个序列涉及身体各个部位的使用，如右手、左手或手指的动作，另一个序列涉及操作对象的各个部分，如枪管和枪托等。再通过一组简单的动作（托举、弯曲等）把两个序列连接在一起。再用典型示范的方式把整个动作序列定型成机械反应。最终的锻造则要依赖对身体的彻底使用。训练者用信号、口哨和命令来控制受训者的节奏，给每个人规定时间标准，而这种时间标准既被用来促进受训者的学习过程，又被用来培养他们做事敏捷的习惯。

（3）身体技艺形成的组织

纪律化的身体技艺在经过分解之后，还必须在个体和群体的水平上被重新组合起来。这就需要通过有组织的操练和考核来实现。例如，把训练的阶段和实践的阶段分开；把对新兵的指导和对老兵的操练分开。在训练的间隙通过考核来检验：受训者是否达到规定的水准，他们是否经历了同样的训练，以及个人的能力如何。当然，还可以根据每个人的水平、资历或级别，为他制定单独的操练方案，把每一项功能的区别或每一水平的区别都转化成操练。训练不再是手段，而是成为目的本身。同时，通过训练，个体身体的各部分力量被重新组织起来，获得更高的效能。

训练不仅仅是针对个体，更是面向所有受训者。这使他们依靠一个精确的命令系统结合在一起。福柯指出，"被规训人员的全部活动都应该用简明的命令来表示和维系。命令是无须解释的。令行禁止，雷厉风行，无须废话。规训教师与受训者之间是一种传递信号的关系。这里不存在理解命令的问题，所需要的仅仅是根据某种人为的、预先编排的符码，接受信号和立即做出反应"（福柯，2012：186 ~ 187）。

在福柯的眼中，正是通过分解和操练、计算和监督，以及命令和反应，纪律最终完成了对身体的征服，或者说纪律化的身体技艺得以被形塑。

三　进一步的理论思考

在介绍了莫斯的身体技艺的概念，以及同身体技艺的概念有关的经典作家的论述后，还有必要对身体技艺的概念做进一步的理论探究。进一步的理论探究将围绕两个问题展开：一个问题是身体技艺的概念的实质是什么；另一个问题是身体技艺在日常生活中的作用是什么。前一个问题涉及对研究对象的进一步把握，而后一个问题涉及研究的取向。

（一）皮亚杰的行为进化观和感知运动图式概念

就身体技艺的概念而言，莫斯的贡献主要在于，他首先提出这是一个值得研究的对象，并从人类学的角度出发把身体技艺定义为同身体有关的"有效能且传统的"行动。这一定义虽然能够指引研究者去寻找和记录各种各样的身体技艺，但是没有办法帮助研究者去分析这一研究对象。此外，莫斯的概念也无力应对各种各样的现代因素（分工、机器、礼貌、纪律）对身体技艺的影响。因此，研究者必须找寻和构建新的理论工具，以便更全面地分析和把握身体技艺。在此，笔者认为引入皮亚杰的行为进化观和感知运动图式（Sensory-motor Scheme）的概念是有益的。

　　1. 皮亚杰的行为进化观

　　可以用简单的一句话概括皮亚杰的行为进化观，即有机体对环境的行为是有机体进化的原动力（皮亚杰，1992）。所谓行为，是指"有机体为了改变外部世界的条件，或改变它们自己与周围环境有关的处境，而指向外部世界的一切活动"（皮亚杰，1992：3）。这里，特别值得注意的是，皮亚杰是从生命有机体和它的环境的角度界定行为的。他把行为看作有目的的动作，而这一目的或者在于利用或变革环境，或者在于增进有机体影响环境的能力。皮亚杰认为有机体从来不是消极地适应环境，而是积极地改造环境，通过自身行为方式和行为能力的发展不断扩展自身能够居住的环境。虽然对许多高级的有机体（特别是人）而言，其环境不仅包括能居的环境，还包括能认识的环境，但是无论哪种环境的开拓，最终都取决于有机体对环境的行为模式的发展。

　　在皮亚杰看来，有机体对环境的行为包括两个方面：一个是外显行为，即有机体同环境的交互行为，也就是感知运动的动作（感知和运动的结合）；另一个是内隐行为，借由符号化的操作，有机体将感知运动的动作扩展到心理操作的领域。因此，外显行为主要涉及身体的动作，而内隐行为主要涉及脑的运作。就身体技艺的概念而言，它主要指的是人类有机体的外显行为，即人类同环境的交互行为，是人类的感知运动的动作。皮亚杰还认为，感知运动的动作是所有行为的出发点和归宿点，即身体行为比认知行为更根本。一方面，身体行为是认知行为得以发展的基础，"认识一个客体或一个事件就是通过同化于动作图式来利用它"（皮亚杰，1989：5）；另一方面，认识行为的目的也在于能够对认识的对象或认识的环境做出主动的改变。所以，虽然皮亚杰是一位心理学家，但从知和行的结构看，他更倾向于认为行重于知。

2. 皮亚杰的感知运动图式概念

笔者认为，皮亚杰的感知运动图式概念对身体技艺的理解具有核心意义。所谓图式，是指有一定结构的动作连接，或者按照一定方式组织起来的许多动作。这些动作在同样或类似的环境中由于重复而引起转移或概括。图式是皮亚杰的核心概念，它虽然来自生物学的反射观念，但不能被错误地解释成"刺激—反应机制"（Glasersfeld，1995）。因为，图式是组织起来的、具有相对固定方式的东西，或者说，图式是结构原则的体现。皮亚杰指出，在婴儿习得语言、具有表现或思维之前，就已经能够通过遗传机制形成多种样式的感知运动图式，比如吸吮乳头等。从自发的、缺乏语言或符号中介的感知运动图式到有语言或符号中介的动作习惯，是一种延绵不断的发展过程。

感知动作图式的发展有几个方面值得重视。首先是处境和图式形成。在皮亚杰看来，感知动作图式的形成包含三个基本过程：通过对感知运动的动作的探究反复认识某种处境；把能够产生有利结果的特定动作组合同该处境联系起来；识别处境，预计特定动作组合的结果，用结果同过去的经验相对照。其次是同化机制。同化（assimilation）是把处境中的新事物当作某些已知事物的例证，从而把新材料纳入已经建立起的图式的过程。显然，同化是一种双向的过程。一方面，新事物必须经由动作图式的过滤，成为图式能够处理的对象；另一方面，随着新事物变成图式能够处理的材料，图式本身的适用范围也在不断扩大，或者说，感知运动图式的结构化程度更高了。再次是顺应机制。如果有机体未能同化处境中的新要素，就会处于不安的状态，或者是失望，或者是惊奇，随之就会产生新的感知动作，进行新的"探究—选择—定型"过程。新的感知动作组合或者是旧图式的迁移，或者是几种旧图式的结合。总之，顺应是为应对处境中的新要素或者应对新处境而形成新图式的过程。最后是均衡过程。均衡是控制论的概念，意在说明，所有具有负反馈的控制系统都具有消除不安的目的，从而保证某些选取价值的恒定。在此，均衡过程似乎可以指有机体的感知动作图式同其处境之间达成的平衡状态。一方面，处境中没有促成感知动作图式改变的新的重大刺激；另一方面，感知动作图式的结构化程度不断提高。

通过对皮亚杰的行为进化观和感知动作图式概念的梳理，可以认为：一方面，身体技艺是人类社会发展的核心要素而非边缘的或不值得重视的；另一方面，身体技艺就其本质而言是人类应对其处境、改变其环境的感知动作图式。

（二）波兰尼的默识维度

在此，还需要引入迈克尔·波兰尼的"默识"（tacit）概念。因为，这一概念不仅能够帮助我们认清身体技艺的非语言的本质，还能帮助我们理解身体技艺的结构特征和它同语言之间的内在关联。

波兰尼的默识维度指向的是人们认知结构（身心统一的）的一个被忽略的维度。在提出默识维度之前，波兰尼实际使用"技能"（skill）一词来称呼此一被忽视的事物。波兰尼宣称："科学靠科学家的技能来操作。科学家正是通过行使自己的技能而造就了自己的科学知识。"（波兰尼，2000：73）这里的技能，在波兰尼看来，就如同善泳者的游泳技能或会骑自行车的人的平衡技能一样，都是通过对一组规则的遵循而达成的，然而技能掌握者又不能用清晰的语言向别人表达他们是如何实现的。技能对于技能掌握者而言是非语言性的。这就是技能的默识特征。

在《个人知识——迈向后批判哲学》一书中，为了理解技能的展现，波兰尼提出了"焦点知觉"和"附属知觉"的概念。波兰尼用人们用锤子钉钉子的例子来说明这两个概念。人们在用锤子钉钉子的时候，他们既注意锤子，又注意钉子，但是他们对这两样事物的注意方式又有区别。在钉钉子时，人们必须专注于钉子，力求锤子有效地击打在钉子的头部。另外，还要留意锤子的运动，以防它击空或击在自己的手上。波兰尼指出，"对钉子的感觉是我们的焦点知觉，而手掌的感觉是附属知觉，在使用锤子钉钉子的时候，这两种知觉是并存且关联在一起的，但是更多要求附属知觉整合到焦点知觉中"（Polanyi，1974：55）。他进一步说明，这两种知觉在运作的时候是相互排斥的。比如，一位钢琴家在弹奏音乐的时候，如果他把焦点知觉从正在弹的乐曲移到弹奏的手指上，那么就很可能不得不停止演奏。也就是说，如果人们注意或控制的焦点从目的转向工具，从结果转向动作，就可能发生紊乱。

波兰尼后来又专门写了一本书，提出了"默识维度"的概念（Polanyi，2009）。在此书中，他从四个方面进一步阐明了他对人类认识的默识维度的设想。首先是功能结构。波兰尼指出，技能是由一组基本的肌肉动作构成的，但是这组肌肉动作是通过某种目的（功能对象）组合在一起的。同时，这组肌肉动作是如何组合在一起的，并不能用语言来清晰地表达。其次是现象结构。波兰尼指出，"一般而言，当某个默识动作的远端出现时，我们就意识到了此项动作的近端"（Polanyi，2009：11）。以盲人使用盲杖探路为例，盲人用盲杖敲打地面，地面是远端，盲杖是近端。再次是语义方面。也就是，从无意义的物理事件变成有意义的知觉事件的过程。地面对盲杖的影响是无意义的，而手对盲杖的感知是有意义的（但不能用语言来说清）。最后是本体论方面，也就是远端和近端构成一个整体的问题。盲人用盲杖敲打地面成为一个具有意义的整体事件或过程。

虽然波兰尼试图用默识维度来说明人类知识的整个基础，从而混淆了智识和身识之间的区别，但是波兰尼的默识维度对于理解身体技艺是非常有启发性的。在此，我们仅从身体技艺的角度，对他的默识维度稍加讨论。波兰尼的默识维度对身体技艺概念的启发，可能有以下几点。（1）身体技艺的关键在于形成近端和远端的结构。也就是说，所谓的身体技艺，无非是指同整个活动相关的身体部分具有近端和远端的分化结构。例如，一双演奏钢琴的手，关键是与弹奏直接相关的指部同作为指部支撑的手掌，以及移动手掌的手臂形成一定的分化结构。手的指部成为远端，其余的身体部分成为近端，这时演奏者就可以通过焦点知觉来控制手指的动作，用附属知觉来控制身体其他部分的活动。不会弹钢琴的人总是通过整个手臂的运动来击打琴键，因为他们的身体结构是不分化的。（2）工具对身体技艺的作用，也可以用近端和远端的结构来理解。这时工具同使用工具的身体部分结合在一起共同构成作用于对象的远端。比如，对于善写书法的人而言，毛笔是手指的延伸，是他的远端；对不善写书法的人而言，毛笔始终是手的作用对象，他时刻在同毛笔对抗。（3）从身体技艺的学习角度看，似乎近端的形成是起始和基础，而远端的形成则建立在近端形成的基础上。比如，在学习用锤子钉钉子的过程中，人们先得掌握抡的动作，才能掌握钉的动作。只有先把手臂和肩当作焦点知觉的对象，把手臂和肩的运动同身体的其他运动区分开后，才能进一步区分手和肩臂。（4）语言在身体技艺形成过程中的作用。按照波兰尼的看法，所有的身体技艺都具有非语言的性质，即人们不是通过语言指令来实现身体动作的连接和组合的。例如，钢琴家从来不是心里想到一个 C 调的"哆"再去敲击键盘上的相应位置。但是，这又如何理解身体技艺学习过程中的语言的作用呢？因为，谁也不能否认语言在身体技艺的学习过程中具有不可或缺的作用。对这一问题的考察对理解身体技艺而言，具有根本的意义。

经过上述考察，我们可以对身体技艺的概念和研究提出一些综合的看法。

（三）身体技艺概念的再认识

在此，笔者提出从处境和互动处境的视角出发，来认识身体技艺的概念。在另一篇文章中，笔者已经指出，处境是指"社会行动者以自身的意图，通过符号性的和工具性的实践活动，区划出的一个行动得以发生的世界，即一个特定的时空条件"（赵锋，2022）。而"由个体间的互动沟通所区划出的处境，就是互动处境。互动处境总是个体间的、当下的和即时的处境。它具有倏忽而生，倏忽而灭的特点"（赵锋，2022）。从处境和互动处境的视角来看，身体技艺是互动处境中行动者的能力要素，是处境中行动者改变其处境状态的可能性的动力源。因此，一方面，考察身体技艺的概念不能够脱离对互动处境的考察；另一方面，对互动处境的认识（这才是我们的基本问题），也不可能缺少对身体技艺的理解。正是从处境和互动处境的视角出发，我们才提出身体技艺的概念。

1. 身体技艺是互动处境中个体行动者的感知运动图式

首先，要认识到身体技艺好似个体行动者的认知框架，是个体行动者的能力，而非能力的实现或展现。与个体行动者的认知框架不同，身体技艺主要涉及行动者身体的各个部位的动作和动作连接，而非认知要素的意识和运算。

其次，处境中个体行动者的感知运动图式是其身体各部位的分化和整合的产物。我们似乎可以认为，身体技艺具有整体—近端—远端的三重结构。这一三重结构显示了行动者对其自身身体的下意识（非语言的意识）的控制机制。因此，当谈到身体技艺的时候，并不是说身体技艺同脑部的神经运动或行动者的意识无关，而仅是指它同以日常语言为基础的意识有根本区别。在游泳的时候，我们当然意识到要保持整个身体在水中的沉浮和平衡，但是我们肯定不是像发出语言指令的方式一样来实现对身体的控制。整体—近端—远端的三重结构是身体作为整体的分化和再整合的结果，并不只是分化了的身体各个部位。这一三重结构似乎可以是自嵌套的，也就是初期从整个身体分化出去的远端，也可以进一步形成二级的近端和远端结构。比如学习弹钢琴的过程，实际上是先形成手臂—手掌的近端和远端结构，再形成手掌—手指的近端和远端结构，甚至还进一步会形成手指—指尖部位的近端和远端结构。这样的自嵌套过程显示了某一技艺的深化过程。

再次，作为身体技艺的感知运动图式是在互动处境中习得的。所谓在互动处境中习得的，包括这样两层意思：一是存在着与某一种身体技艺的展现相关的一组互动处境，即被称为习俗的事物，如用镰刀收割；二是存在着与某一种身体技艺的传授相关的互动处境，即被称为教授—学习的互动处境，如驾驶技术的教授和学习。

最后，从身体技艺形成的过程来看，沟通过程和沟通媒介无疑发挥着极为重要的作用，但是身体技艺所显示的三重结构并不依赖符号和语言的作用。所以，看起来在身体技艺的形成过程中，有一个符号化和语言化的过程，也有一个去符号化和去语言化的过程。

2. 在互动处境中，个体行动者通过身体技艺把自身的自然力转变为具有工具性和生产性活动的效力，从而改变自身处境中事物的状态

首先，是行动者的自然力量。所谓自然力量就是人自身的自然属性的一面，即他同动物一样由于生物体的化学－物理机制和神经机制，而具有的运动能力。人的跑和跳，同猴的跑和跳一样都依赖相似的生理过程和神经传导过程。同样，这些运动能力都依赖于生物体的新陈代谢过程，都依赖于食物的消化和吸收，碳水化合物、蛋白质、糖等物质的补充。人作为自然的一部分，不可避免地要通过他自身的自然力量，才能改变自身的处境。用马克思的话说，"人自身作为一种自然力与自然物质相对立。为了在对自身生活有用的形式上占有自然物质，人就使他身上的自然力——臂和腿、头和手运动起来"（《马克思恩格斯文集（第五卷）》，2009：208）。没有自然力量的汲取和运用，人就不可能存在，也就无所谓行动者和他的处境了。所以自然力量是处境中行动者一切行动的动力源。然而，这一无论如何不应当被

忽略的基本事实，却常常被研究社会的理论家所忽略。

其次，处境中行动者的自然力量不是直接作用于行动的对象或目标，而是要经由他的身体技艺的转换。不同的行动者在自然力量方面可能是无差异的，但是他们可能在身体技艺方面有着巨大的区别。从处境和互动处境的视角看，从行动者自身具有或储备的自然力量到自然力量的作用对象之间，必须经由身体技艺的转换。假定处境中行动者具有相同的自然力，那么行动者不同的身体技艺的转换能力，就决定了他们改变其处境中自然物质的效力。根据中国古典文献《考工记》的划分，"知者创物，巧者述之，守之世，谓之工"（闻人军，2008：1），似乎可以将身体技艺划分为四个等级：非工（缺乏相应的身体技艺）、工（具备基本的身体技艺）、巧（能够灵活地运用身体技艺）、智（具备创造性的身体技艺或所谓的专家绝技）。当然，这仅是从某一方面或某一特定类型的身体技艺所做的划分。在应对现实的处境时，行动者可能需要具备多种身体技艺。于是，在身体技艺上就存在着简单和复合的区别。由于研究者不仅要考虑处境中个体行动者的身体技艺，还必须考虑到多个行动者间的对应和合作，那么就存在着身体技艺的对应组合（生产者的身体技艺－消费者的身体技艺）和联合组合（多个生产者不同身体技艺的联合）。在行动者的处境中，不存在行动者自然力量的直接使用，他们的自然力量总是要经由身体技艺的转换才能具有效力。

最后，身体技艺展现的首要作用在于改变行动者处境中自然事物的状态。在人类的生活中，有两类基本的处境：一类是生产处境，即劳动能力的使用过程，另一类是战争处境，即武装力量的使用过程。前者的目的在于占有自然，以满足自身的需要，也就是扩展人类生活的自然领域；后者的目的在于征服他人，以满足自身的野心，也就是扩展某一社会单元的社会范围。无论是在这两种处境的哪一种处境中，行动者都必须通过身体技艺的反复应用，以及身体技艺的不断发展，才能够达成他们自身的目的、维持自身的生存。行动者的处境总是客观的，也就是说，它总是包括物质的东西在其中。同时，行动者的处境又总是行动者要加以改变的对象，而改变行动者的处境又总意味着改变其中物质的东西，所以从改变自身处境的角度说，行动者必须通过身体技艺的展现，把自身潜藏的自然力量转换为有效力的行动，无论是劳动还是战斗，以实现处境的改变。

3. 在互动处境中，行动者的身体技艺不仅具有工具性的效力，还具有符号性的作用

身体技艺的符号作用可以分作以下几点来阐明。

第一，在互动处境中，语言沟通的两种方式——说和写，都离不开身体技艺的运用。谈话不仅涉及脑神经和心理的运作，还必须以整个发音器官和听觉器官的运作为基础。书写也一样，其不仅是所谓意义的表达和专递，而且也不可能脱离手指、手掌和手臂的运用。在现实的互动处境中，当语言的沟通以身体技艺的运用为基础时，语言沟通本身的意义传递和意义解释就不可能脱离身体技艺的使用而单独被理解。这就是说，语言沟通过程中，发音的方式，以及对发音方式的学习、使用和控制，同样成为意义表达的一个有机组成；文字意义的沟通和书写技术也有类似的关系。

第二，在互动处境中，身体技艺本身可能就是一种沟通技术。这既包括通常所说的面部表情，也包括所谓的肢体语言。有的动物在沟通过程中，也会用到肢体语言或面部表情。但是，人类不仅发明了更加丰富的肢体语言和面部表情用于沟通，还把这些直接用于沟通的身体技艺一代又一代传递下来。

第三，在互动处境中，身体技艺本身可能是某种象征的生产技术。这里主要是指那些同仪式表演或舞蹈艺术相关的身体技艺。它们的作用不在于实现行动者之间的意义沟通，而在于通过各种姿态和动作的连贯和组合，创造或再生产出某种象征物，比如神的威力或对神

的虔敬。苏珊·朗格在其论述舞蹈的哲学时指出，"舞蹈创造了一种难以形容的，甚至是无形的力的形象，它注满了一个完整、独立的王国，一个'世界'，它是作为一个由神秘力量组成的王国的世界之最初表现"（朗格，1986：216）。舞蹈在史前就得到了发展，在其发展的过程中，似乎"神"的观念同舞蹈对它的符号表达是同时出现的。然而，原始人似乎"根本没有感觉到是舞蹈创造了神，而是用舞蹈对神表示祈求，宣布誓言，发出挑战和表示和解"（朗格，1986：217），因为他们用舞蹈创造出了一个象征的世界，而跳舞则是他们生活于其中的方式。今天，创造和再生产出一个象征世界的能力，依然是身体技艺的一个主要的功能。

第四，在互动处境中，即便是身体技艺的工具性运用，也同样传递着符号意义。这点可以用韦伯的一个例子来说明。韦伯谈到对个体行为的理解时，曾经举例说："我们对砍伐木材或举枪瞄准的行动，不仅可以直接地观察，也可以由动机去理解：如果我们知道伐木者是为薪水工作或为了他自己燃火之用或者可能只是一种消遣活动而已（这是理性的例子），但是，他可能也是为宣泄因愤怒而生的冲动（这是非理性的例子）。"（韦伯，2005：10）在这个例子中，观察者可以通过对行动者的身体技艺展现（砍伐的动作或举枪的动作），猜测它可能具有的内在意义，因为无论是一位工人为了工资的砍伐，还是一位工匠为了作品的砍伐，抑或是一个只会抡着斧子为了泄愤的砍伐，必定都会表现出不同的身体技艺之表演。

至此，我们似乎可以说：身体技艺是行动者在互动处境中习得，并在互动处境中使用或展现的感觉运动图式，而这一感觉运动图式的形成则依赖于行动者身体的整体—近端—远端三重结构的分化和整合；从身体技艺的使用或展现来看，在互动处境中，身体技艺既具有把自然力量转换为工具性活动的效力，也具有意义沟通和符号表达的功能。

（四）身体技艺的研究取向

前面，我们已经指出，身体技艺是处境中行动者的能力要素，所以为了理解、分析和把握行动者的整个处境，研究者可能需要分析地构造出特定文化－历史－社会背景下互动处境中的类型化行动者之身体技艺。为了达成这一目标，我们认为，研究者可能需要：一是始终把身体技艺放在处境或互动处境之中来观察和分析；二是既要理解身体技艺在历史处境中的发展，也要探究身体技艺在当下处境的培育和展现。因此，在这部分，我们就根据历史和当下两个维度，罗列一些对身体技艺可能的研究取向。

1. 历史处境的演变与身体技艺的发展

（1）处境的分化

这里研究者可以借用场域的概念来看处境的分化，并进而研究场域的分化对身体技艺的影响。

从历史的角度看，首先有生活世界同系统的分化（Habermas，1984）。于是，有同生活有关的各种身体技艺，如埃利亚斯所探讨的各种吃的技艺、清洁自身身体的技艺，以及在各种生活互动中向他人展现礼貌姿态的技艺。也有同生产有关的各种身体技艺，如配第、斯密和马克思所谈到的劳动分工对身体技艺的影响。韦伯和福柯所谈到的军事训练对身体技艺的作用，也属于系统的世界。除了劳动和战争之外，各种表演（舞蹈、钢琴演奏、舞台表演等）和竞技（体育竞技、格斗竞技等），似乎也属于系统的世界。当然，还不能遗忘各种技术专家的身体技艺（外科手术、图纸绘制等）和科学工作者的身体技艺（物理学中的实验、考古工作中的挖掘等）。

从历史的角度看，处境的分化还引起了等级分化。这既包括处境与处境之间的等级分化，也包括处境内部、行动者之间的等级分化。研究者如果仔细地考察一下现代战争技术的发展，就可能看到军官同士兵的等级分化，以及普通士兵、专业士兵和特种士兵的等级分化，以及这些等级分化对身体技艺的影响。在生活领域，研究者同样能够发现等级分化对身体技艺的影响，比如法国大革命时期贵族生活、资产阶级生活，以及平民生活的区别，要求他们培育出不同的身体技艺。

（2）身体技艺教育的体系化

无论是埃利亚斯的论述，还是福柯的论述，在其中，研究者都能够体会到身体技艺教育的体系化是现代进程的一个主要趋势。当然，这不是说在前现代的条件下，就没有身体技艺的教育。其实，只要存在人类社会就有关于身体技艺的教育。但是，那种教育通常是传统的（从教授和学习两个方面都试图把确定样式的身体技艺固定下来）和经验的（总是针对具体的环境和处境，缺乏普遍、抽象和反思）。再看现代身体技艺教育的发展。首先，它产生于一种理论上的革命，即它先把身体技艺本身作为一个探究和概括的对象。比如，各种各样关于礼貌行为的探讨，以及军事斗争中关于战斗技能的讨论和发明。其次，身体技艺教育方面的标准化。就像福柯清晰指明的那样，身体技艺教育的标准化似乎沿着空间的标准化和时间的标准化两个方向展开。具体摆放的位置，不同身体部位之间的距离和它们之间的角度，某一身体部分运动的轨迹等，都可以用几何学的精神加以标准化和定型化。而单位时间的速度和频率，一段时间内的强度和节奏，也都是可以用数值、比率和曲线来测定和设立标准的。不过，在此也不要遗漏了选材的标准化。身高的标准，五官感知的标准，手的大小和形状的标准，诸如此类，都会成为某一身体技艺的教育之前的筛选标准。最后，还有相关教学机构的设立。没有专门的士兵训练营和专门的军官学校，还有可能有现代战争的发展吗？这点同样适用于现代舞蹈和竞技体育的发展，以及现代工程师和专业人员的培育。在现代生活中，甚至有了生育技艺的教学体系。

（3）身体技艺与机器革新的关系

身体技艺与机器革新的关系是由马克思所开创的议题。但是，在现代社会学的讨论中，这一议题显然被大大忽略了。在马克思看来，一方面，机器的革新替代了人的传统技艺，甚至将工人整个地非技能化或空虚化了；另一方面，机器造就了一种自身的节奏，从而使工人的整个身体技艺都服从于机器本身的节奏。马克思的观点无疑是有洞察力的，但是似乎还不够全面。当然存在着机器对身体技艺的排斥，在机器面前，手艺人的身体技艺只好被推到世界舞台的边缘和幕后。但是，机器的应用也使得许多传统的手艺活动变成具有艺术性质的活动，从而可能丰富了它。无疑存在着机器对人的身体技艺的规制，但是不也发展出了人对机器的"神乎其技"的驾驭吗？在现代社会，机器一边不断地被革新，一边不停地侵入社会生活的各个领域，它同人、同人的身体技艺的发展有着怎样复杂的关系，是一个需要认真对待的议题。

2. 当下处境中的身体技艺

研究者可以从两个方面研究当下处境中的身体技艺，一个是身体技艺的教育过程，另一个是身体技艺的展现过程。

（1）身体技艺的教育过程

人从其出生之日起就开始接受身体技艺的教育，手的抓握，面部的笑容和其他表情，坐立和站立，等等。随着人的成长，身体技艺的教育会日趋复杂和深入，他们要学习与他人沟通相关的身体技艺（发音的技艺，听的技艺，礼貌的技艺），要学习各种玩耍和游戏的技艺，还要为今后的工作和职业学习相关的技艺。不过，随着人的成长，这一类型的身体技艺的教育逐渐稳定和完成，甚至退出到视野之外。这一类型的身体技艺的教育可称为基础的或日常的身体技艺的教育。第二种类型的身体技艺的教育是同某种特定身体技艺的培养相关的，可称为专门的教育。在当下的日常生活中，这类专门的教育主要涉及体育运动和舞台表演，比如武术的教育、足球的教育、芭蕾的教育或钢琴的教育。还有一种类型涉及个体的职业或与工作有关的身体技艺的培养，可称作职业化的教育。例如，劳动技能的培育、士兵和军官的教育、舞蹈专业人才的造就等都是职业化的教育。当然，还可能有其他特殊类型的身体技艺的教育，如宇航员的身体技艺的训练。因此，可以从身体技艺的教育类型的角度来研究身体技艺的培育，以及身体技艺发展的内在逻辑。

身体技艺教育中的权威问题。如莫斯所指出的，身体技艺的教育像其他一切事项的教育一样，总是涉及教授者与被教授者之间的权威问题。莫斯已经说明，这种传授—学习之间的权威，包括两个方面：一方面，教授者必须能够成功示范所要传授的事物，或者显示出"技高一筹"的本领；另一方面，教授者还必须能够获得被教授者的尊重和信任。前者是身教，后者是言传。两者缺一不可，且互相支持，才能有成功的传授—学习。除了教育的一般类型以外，身体技艺的教育还显示出许多不同的类型。身体技艺的基础教育通常是在家庭、社区和朋辈之间完成的，是在每天的生活、玩耍、指导和训斥中完成的。身体技艺的专门教育既有师徒制的，也有官僚制。前者表现为一对一、面对面的教学，也表现为教授者和学习者之间直接的权威关系。后者通常表现为一对多的，由某个机构和一定的制度或规则中介了的权威关系，甚至是由某种教学体系中介了的权威关系。还可能有身体技艺上的自我教育。这既可能是简单的自我学习，也可能是朝着某个方向的摸索和创新。家庭的、师徒制的、官僚制的和自我的，只是一些比较纯粹的类型，实际的身体技艺的教育常常是混合了两种或多种纯粹类型的教育，像以官僚制为主导，兼有师徒制的教育。

（2）身体技艺的展现过程

根据身体技艺在社会生活中的功能，它主要在两个方向上展现出来，即工具性使用和符号性表演。劳动者在工作处境中，通过其自身

179

的自然力量的推动，运用自身的身体技艺，制造出产品或服务的活动，是身体技艺的工具性使用。士兵在实际的战斗处境中的各种身体行为，也主要是身体技艺的工具性使用。身体技艺的工具性使用还涉及许多其他旨在改变处境中自然对象或物质对象的身体动作。身体技艺的工具性使用一般具有"效率"的特征，即可通过单位时间内完成某项"成果"的数量来评价。运动员在体育竞技中的竞赛活动，是身体技艺的符号性表演；舞蹈者在舞台上的演出，也是身体技艺的符号性表演；许多仪式专家的仪式性活动也主要涉及身体技艺的符号性表演。身体技艺的符号性表演虽然缺乏"效率"的特征，但是它同样具有某种"效力"，即它对于符号性表演的观看者的吸引力。例如，美国舞蹈家邓肯在谈及她观看巴甫洛娃的芭蕾舞表演时说："在一个包厢里，又一次看到她在芭蕾舞《吉赛尔》中令人销魂荡魄的表演。虽然这些舞蹈动作与每一种艺术及人类情感相背离，但当巴甫洛娃那天晚上从舞台上飘然而过的时候，对她绝妙的幻影我又一次不由自主地报以热烈的掌声。"①那种"销魂荡魄"的感染力，那种让人"不由自主的"吸引力是从哪里产生的呢？无疑都来自身体技艺本身的表演，以及它的表演对观者产生的身体上和情感上的"共振"。身体技艺的工具性使用和符号性表演，以及它们同效率和感染力间的关系，是需要研究的另一个取向。

四　研究身体技艺的方法论

身体技艺是处境或互动处境中行动者的身体化的能力，是他们通过身体部位的动作表现出来的感知动作图式，是他们在既有的传统中，通过学习和练习而造成的身体上的整体—前端—远端的结构分化

---

① 原文出自邓肯的《我的生活》一书，转引自朗格，1986：222。

和整合。如果研究者的目标在于理解行动者的互动处境，那么就需要理解、分析和把握行动者的身体技艺，以及他们的身体技艺在他们的互动处境中所起的作用。那么如何才能对互动处境中行动者的身体技艺的作用有所理解和把握呢？在方法论上，我们一般的纲领是：分析地构造出特定文化－历史－社会背景下互动处境中的类型化行动者之身体技艺。那么这种分析地构造如何可能，又如何实现呢？以下简要地陈述笔者的基本观点。

（一）身体技艺展现的一个观察与描写

身体技艺通常开始于它在具体场景中展现的观察—描述。人类学家普里查德在研究努尔人时，对努尔少女如何挤牛奶的技术，进行了有意识的观察和记录。他的记录由两部分组成——文字描绘和照片呈现。他是这样描绘努尔少女挤牛奶的技术的："挤奶的人蹲在奶牛旁边，每次挤一个奶头，她先把一个带有瓶颈状开口的葫芦容器在大腿上平稳地放好，再把牛奶挤入窄窄的容器口里。她用拇指和食指挤奶，但是，其他三指虽然是并拢的，却在某种程度上把奶头向着整只手挤压。这是一个既有挤压又有牵拉的动作。她用双手扶住盛奶的容器，把它向下挤往自己的大腿，从而使其保持在适当的位置上。"（普里查德，2002：28～29）

这一文字描绘是比较细致的，可以带给读者一幅具体的视觉想象。其中，包括由蹲跪（squat），拇指和食指的配合，其他手指的拳拢、挤压和下拽的动作，以及手部将容器保持在大腿间的力量。这里研究者应当已经看出，通过文字来描述身体姿态和动作的展现是有严重缺陷的。其一，它严重依赖读者对文字的视觉想象力。如何想象蹲跪在奶牛旁的身体姿态呢？不同的读者可能根据自己的经验或习惯而有相当不同的、差异极大的想象。其二，文字描述很容易给读者一种错觉，既它所描述的姿态和动作，是简单的和容易实施的，从而遗漏了姿态和动作的"技艺"属性，即它是复杂的，有难度的，必须经由逐步的学习才能掌握的东西。当然，描述者可以通过增加描述文字的量，以及更富有细节性的描述，来呈现姿态和动作的技艺特征。问题是，随着描述细节和特征呈现的要求水平的增长，所需要的文字量可能会以几何级数的方式增加。而且，文字的量的增加会引起读者视觉想象更大的负担和歧义，以及对所要研究的身体技艺的整体把握的丧失。

普里查德还通过一张照片展示了一位少女挤奶时的姿态。照片形象地显示了少女是如何跪坐在泥泞的牛圈中，以左手持葫芦嘴部的方式，将盛奶的葫芦安放在左腿的膝盖上部，挤奶的动作似乎由右手单独实施。从描写的角度看，照片充分展示了其相对于文字的优势。通过照片，读者不仅对身体技艺的展现有了直观的感受，甚至还可以通过想象的方式或实践的方式来模仿它的姿态和动作。因此，对身体技艺展现的描写，视觉的方法要远远优于文字的方法（Banks，2007；Chaplin，1994）。身体技艺展现的可视化描写不仅包括照片，还有摄像（Emmison，Smith，and Mayall，2012；Prosser，1996）。后一种方法不仅能够再现姿态，还能够再现动作、动作的序列和变化，以及动作的变化的节奏和实际的效果。

对不同描写方式的讨论，实际上，可使研究者意识到，它们的差别主要在于：文字的描写具有可想象性的特征，照片的描写具有可模仿性的特征，而摄像的描写具有情境的可再现性的特征。当然，这并不是说三种观察—描写方法是互相排斥或相互替代的。更正确的认识应该是，三种方法是各有特点和互补的。在当下的技术条件下，研究者实际需要更充分地理解三种观察—描写方法的特征和利弊，从而能更有效地将处境中身体技艺的展现，再现给读者。

（二）有计划和系统的数据收集

社会学研究者们通常过多地专注于行动者的"意识"和"意

义"，从而忽略了对行动者的身体技艺的研究。为了完整地理解和把握行动者的处境行动，研究者需要把作为行动者行事能力的身体技艺本身作为一个相对独立的要素，单独地予以研究。从方法论的角度来说，这就要求研究者根据所要研究的行动者的处境（工作的或表演的），对内在于其中的身体技艺，进行有计划和系统的数据收集工作。为此，笔者提出如下建议。

1. 从专家绝技开始

前文已经指出，一般可把身体技艺划作四个等级，即非工（缺乏相应的身体技艺）、工（具备基本的身体技艺）、巧（能够灵活地运用身体技艺）、智（专家绝技）。对身体技艺的研究，应该从专家绝技开始，因为专家绝技代表了最为复杂的感觉运动图式，也是行动者的整体—近端—远端三重结构分化的最高水平。研究者从专家绝技开始，可以帮助他们完整地理解相关感觉运动图式的整个结构，以及整体—近端—远端分化的最大可能性。这种对行动者处境中最高水平身体技艺的展现的研究，不仅有助于研究者理解和把握身体技艺发展的可能性，还有助于后续的分析工作，以及合理地进行标准划分和等级评判。

2. 身体技艺的展现、动作要领和技能格言（寓言或传说）

处境中，身体技艺的展现的观察—描写只是数据收集的一个基本方面。动作要领，无论是以口耳相传的方式还是以文本的方式传授的，是数据收集的另一个重要方面。动作要领，往往由动作和要点两个部分组成，前者涉及动作的肢体部位、肢体部位动作的方式和轨迹、力量运用和控制的方式等，而后者主要涉及动作的目的、特征和标准。动作要领往往不是单一的，而是成系统的、分部类和分级别的。此外，动作要领还往往涉及相关身体记忆的规范要素或禁忌要素。技能格言也是一类重要的数据。这类技能格言，往往涉及特定身体技艺传统的整个特征、它的最高标准，以及它的哲学基础。比如，中国古典舞蹈具有"拧、倾、曲、圆"的特征，在动作的展开上遵循"欲进先退，欲伸先屈，欲急先缓，欲起先伏，欲高先低，欲直先迂，欲浮先沉，欲左先右"的原则（谢长、葛岩，1987：95～101）。有时，关于某一技艺的寓言或传说，还能反映某一种文化对身体技艺的整体追求和哲学意涵。例如，冯骥才在《俗世奇人》中对"刷子李"刷墙技艺的描写，已经远远超出了对某一技艺本身的想象，而直接指向手艺人的深层追求和生存智慧。

3. 关注身体技艺的教育

在某种程度上，可以说研究身体技艺就是研究身体技艺的教育，因为每一种身体技艺的展现都是特定身体技艺教育的结果。因此，通过对身体技艺的教育的研究，研究者就可以理解和把握特定身体技艺的目的和功用，它的追求和特性，它的选材和塑造，它的水平分化和分化标准，以及它的整体—近端—远端三重结构的分化和整合过程。对身体技艺的教育的研究，还能帮助研究者理解语言和符号在身体技艺形成过程中扮演的角色，帮助研究者理解权能和权威在技艺形成过程中起的作用。

（三）分析的思路

身体技艺这一概念是由莫斯提出的，他虽然对之有许多富有启发性的说明和洞见，但是他的主要目的在于帮助人类学的田野工作者在其田野中能够注意到它的存在，并对它有所描写，就像他写的《民族志手册》那样。莫斯没有提出分析身体技艺本身的思路和框架。在许多经典作家中，福柯是少数对身体技艺本身有分析的学者。福柯把身体技艺看作权能工作的对象和目标，通过分析针对身体技艺的"微观权能物理学"，即通过分析针对身体的纪律，间接地分析了身体技艺。他在把有用性兼驯顺性视作"现代"身体技艺的主要特征的同时，也分析了其特征的来源、身体的编码化和依据时间的分级操练。他使得分析者注意到身体技艺中符号和力量的区别；他指出了身体技艺中，身体部位、身体姿态和身体动作间的区别和联系；他提出了序列分解、空间位置、时间框架和程序整合等一整套方法在身体技艺形成中的作用。他虽然是以批判的和否定的方式做出阐述的，然而他的发现依然给分析者提供了基本的分析概念和框架。还有一点值得注意的是，福柯对身体技艺的批判式分析仅仅立足于话语分析（discourse analysis），这可能是远远不够的。

对身体技艺的分析，可能需要分析者首先改变看待身体技艺的方式，也就是不能把身体技艺看作消极的对象、非主体的东西，而是要把它看作构成人之所以为人的基本条件。人的躯干和四肢虽然是他们天然的工具，其中虽然蕴藏着自然的潜力，但是他们从来也不是通过自然的运动而发挥作用的，而是通过身体技艺的发明、传承、学习和革新才有所作为的。甚至可以说，没有人的身体技艺，就不可能有人的文化和社会，不可能有人的处境的生成和改变。只有把人的身体技艺看作对人而言，对人的处境而言，是根本的东西，分析者才可能对它有所领悟、理解和把握。

身体技艺是处境中行动者的能动要素之一，是行动者用以改变自身处境的必要条件，而且它的展现又总是有作用的对象，所以对它的分析，不可能缺少效力的概念。效力首先是指从一种处境的客观状态到另一种处境的期望状态的可能性。当分析者把身体技艺和效力联系在一起时，就是去认识处境中行动者要实现他们改变处境状态的理想时必须以怎样的身体技艺为条件，或者当行动者具备某种身体技艺时，他们可能实现的最佳状态是怎样的。前文已经指出，身体技艺有两种展现方式，作为符号和作为工具，所以它也具有两种效力，符号的效力和工具的效力。身体技艺的符号效力，是处境中身体技艺的表演对表演的观察者和解释者的影响力；身体技艺的工具效力，则是身体技艺的使用对处境中物理对象或可以被当作物理对象的事物的作用力。因此，对身体技艺的分析，离不开处境和效力的概念。

身体技艺的分析者还必须注意到"现代性"的悖论。现代性的悖论早已由马克思所提示，并被福柯当作基本问题而加以批判性地分析。马克思看到的悖论是，劳动分工既造成了身体技艺的局部化又发展了局部的身体技艺；劳动者身体技艺的分化和等级化在提高劳动生产率的同时造成了劳动者之间的等级化和对立；机器的不断发明和普遍应用既使得劳动者的身体技艺服从于新的工业节奏，引起他们身体技艺的退化，无疑也给劳动者身体技艺的发展以新的可能性。福柯所揭示的悖论主题是，权能通过纪律造就了现代性的身体技艺，同时现代性的身体技艺又奠定了现代权能的基础；身体技艺的分解、排列、训练和操纵又何尝不可能成为解放的条件呢？因此，对身体技艺的分析，需要分析者把现代性看作一种悖论，从中揭示身体技艺的形成、展现和发展过程中蕴含的矛盾，并从中找到解决人类危机处境的可能性。

五　余论：总体的人

莫斯在《身体技艺》一文中，不仅提出"总体的人"的三重视角，还在文末从哲学的视角，提到了中国古代道家的身体技艺，特别是道家的呼吸技艺，以及古代印度的瑜伽。他认为有必要从社会学的－心理学的－生物学的三重视角对这些技艺加以研究，因为这些技艺构成了"与神沟通"的生物学手段。莫斯的提示，带着我们来到中国古代先哲庄子的世界。在中国先秦哲人中，庄子恐怕是谈论人的身体技艺最多的，也是谈论人的身体技艺最高妙的，更是赋予人的身体技艺最高智慧和价值的人。《庄子》一书中虽有多处提及手艺人的身体技艺，然而最重要的一处莫过于内七篇中"养生主"一章中庖丁为梁惠王解牛的故事。所谓"手之所触，肩之所倚，足之所履，膝之所

踦，砉然响然，奏刀騞然，莫不中音，合于桑林之舞，乃中经首之
会"（郭庆藩，2013：117）；所谓"以神遇而不以目视，官知止而神
欲行"（郭庆藩，2013：118）；所谓"依乎天理，批大郤，导大窾，
因其固然。技经肯綮之未尝"（郭庆藩，2013：118），都是对庖丁整
个身体技艺的描绘。可是，这仅是庄子对庖丁的技艺的想象和赞美，
以及可能的养生术的寓言吗？恐怕不止于此。庄子正是通过"技盖至
乎此"的赞叹，为真正的人奠定了哲学的基础，为他所谓的"天地与
我并生，而万物与我为一"指出了一条可能的途径。

参考文献

埃文思-普里查德，2002，《努尔人：对尼罗河畔一个人群的生活方式和政
　　治制度的描述》，褚建芳、阎书昌、赵旭东译，北京：华夏出版社。

郭庆藩，2013，《庄子集释》，北京：中华书局。

马克斯·韦伯，2004，《支配社会学》，康乐、简美惠译，南宁：广西师范
　　大学出版社。

马克斯·韦伯，2005，《社会学的基本概念》，顾忠华译，南宁：广西师范
　　大学出版社。

《马克思恩格斯文集（第五卷）》，2009，北京：人民出版社。

迈克尔·波兰尼，2000，《个人知识——迈向后批判哲学》，许泽民译，贵
　　阳：贵州人民出版社。

米歇尔·福柯，2012，《规训与惩罚》，刘北成、杨远婴译，北京：生活·
　　读书·新知三联书店。

诺贝特·埃利亚斯，2009，《文明的进程：文明的社会起源和心理起源的研
　　究》，王佩莉、袁志英译，上海：上海译文出版社。

皮亚杰，1989，《生物学与认识：论器官调节与认知过程的关系》，尚新建、
　　杜丽燕、李浙生译，辛见校，北京：生活·读书·新知三联书店。

皮亚杰，1992，《行为，进化的原动力》，李文湉译，北京：商务印书馆。

乔治·维加埃罗，2013，《锻炼，竞技》，张竝、赵济鸿译，载乔治·维加

埃罗编《身体的历史（卷一）》，上海：华东师范大学出版社。

苏珊·朗格，1986，《情感与形式》，刘大基、傅志强、周发祥译，北京：中国社会科学出版社。

威廉·配第，2014，《政治算术》，陈冬野译，北京：商务印书馆。

闻人军译注，2008，《考工记译注》，上海：上海古籍出版社。

谢长、葛岩，1987，《人体文化：古典舞世界里的中国与西方》，成都：四川人民出版社。

亚当·斯密，1983，《国民财富的性质和原因的研究（上卷）》，郭大力、王亚南译，北京：商务印书馆。

赵锋，2022，《处境定义与框架分析》，《社会科学研究》第 2 期，第 79 ~ 90 页。

Banks，M. 2007. *Using Visual Data in Qualitative Research*. London：SAGE Publications Ltd.

Chaplin，E. 1994. *Sociology and Visual Representation*. London：Routledge.

Crossley，N. 1995. "Body Techniques，Agency and Intercorporeality：On Goffman's Relations in Public." Sociology 29（1）：133 – 149.

Crossley，N. 2015. "Music Worlds and Body Techniques：On the Embodiment of Musicking." *Cultural Sociology* 9（4）：471 – 492.

Crossley，N. 2007. "Researching Embodiment by Way of 'Body Techniques'." *The Sociological Review* 55（1_suppl）：80 – 94.

Emmison，M.，Philip Smith，and Margery Mayall. 2012. *Researching the Visual*. London：Sage.

Foucault，M. 1995. *Discipline and Punish：The Birth of the Prison*. New York：Vintage Books.

Glasersfeld，E. von. 1995. *Radical Constructivism：A Way of Knowing and Learning*. London：The Falmer Press.

Habermas，J. 1984. *The Theory of Communicative Action Volume 1：Reason and the Rationalization of Society*. Boston：Beacon Press.

Leder, D. 1990. *The Absent Body*. Chicago: University of Chicago Press.

Mauss, M. 1973. "Techniques of the Body." *Economy and Society* 2 (1): 70 – 88.

O'Connor, E. 2005. "Embodied Knowledge: The Experience of Meaning and the Struggle towards Proficiency in Glassblowing." *Ethnography* 6 (2): 183 – 204.

Polanyi, M. 1974. *Personal Knowledge: Towards a Post-critical Philosophy*. Chicago: The University of Chicago Press.

Polanyi, M. 2009. *The Tacit Dimension*. Chicago: University of Chicago Press.

Prosser, J. 1996. "What Constitutes an Image-Based Qualitative Methodology?" *Visual Sociology* 11 (2): 25 – 34.

Shilling, C. 2018. "Embodying Culture: Body Pedagogics, Situated Encounters and Empirical Research." *The Sociological Review* 66 (1): 75 – 90.

Shilling, C. 2005. *The Body in Culture, Technology and Society*. London: SAGE.

Smith, A. 1937. *An Inquiry into the Nature and Causes of the Wealth of Nations*. Indianapolis: Liberty Classics.

Turner, B. S. 2008. *The Body & Society: Explorations in Social Theory*. Los Angeles: SAGE.

Wacquant, L. 2004. *Body & Soul: Notebooks of an Apprentice Boxer*. Oxford; New York: Oxford University Press.

Weber, M. 1978. *Economy and Society: An Outline of Interpretive Sociology*. Berkeley: University of California Press.

Williams, S. J., and Gillian Bendelow. 1998. *The Lived Body: Sociological Themes, Embodied Issues*. London: Routledge.

附录　科学之为激情，方法之为技能[*]

　　历时六年的努力，本书终于译出与读者见面。作为本书的译者之一在阅读和翻译本书的过程中受益匪浅。若自配第的《政治算术》（1672 年）算起，社会科学方法的发展有三百多年的历史，至今已蔚然大观。定性的、统计的、实验的、模拟的诸多方法，以及与之相关的方法论和认识论共同推动着社会科学事业的发展。个人在这方法的洪川巨流面前显得如此渺小。我们很可能学有所博，但极少能做到学有专精。然而，社会科学研究又常常要求我们具有方法自觉，否则我们的知识发现就会沦落为预言家的呓语或鼓动者的意识形态。因此，作为社会科学的研究者，我们需要经常地问自己，什么是科学？什么是社会科学？社会科学与它的研究方法之间有怎样的关系？每个社会科学的研究者都可能有自己的答案，下面是我的回答，抛砖引玉将它作为本书后记，就教于诸位读者，以期推动社会研究方法的学习和应用。

---

　　[*]　原文为《社会科学研究方法百科全书》（重庆大学出版社，2017）的译者后记，收入本书时有修改。

一 科学是激情

现代科学兴起于 16 世纪的西方世界，而后由于 17 世纪天才的创举，便前所未有地繁荣起来，不仅彻底地改变和更新了人类对其周围世界的知识，还彻底地改变了人类自身的生活进程。与人对艺术、宗教、哲学等美好事物的追求一样，现代科学发展的首要动力是求知激情，即对于发现事物的一般原理的持久而坚韧的渴望。激情是一种连接和改变人同事物之间关系的情绪。在这种情绪的影响下，事物或者变得富有吸引力，或者变得令人厌恶。科学家的激情是求知激情。[①]由于求知激情的持续作用，科学家的目光紧紧盯着吸引他的事物，企图从中发现事物背后的奥秘。没有求知激情的鼓动，科学家就不可能心无旁骛地专注于他欲从中有所发现的事物；没有求知激情的鼓舞，科学家就不可能去学习、熟悉、掌握和发明用于发现事物奥秘的工具；没有求知激情的推动，科学家就不可能将具有科学价值的事实与不具有科学价值的事实区别开来；没有求知激情的坚韧，科学家也就不可能忍受孤独和寂寞反复地观察与思索手边的数据；同样，没有求知激情就不可能有对已有发现的美的赏析，不可能有参与批评和讨论的热情，不可能有获得发现后的欢欣雀跃。按照迈克尔·波兰尼的说法，求知激情是科学发现的逻辑基础。[②]

科学激情促使科学家反复地考察"不可约且顽固的事实"（irreducible and stubborn facts）[③]。尊重"不可约且顽固的事实"不仅仅是所有时代成功实践者的基本特质，更是所有大科学家的根本气质。爱

---

① 怀特海在《理性之功用》一书中称其为"欲之欲"（the appetition of appetitions）（Whitehead，1971：33）。
② 参见迈克尔·波兰尼《个人知识》第六章"求知热情"（波兰尼，2000）。
③ 参见 Whitehead，1948：3。

因斯坦在给他的朋友 M. 贝索的一封信中写道："一个希望受到应有的信任的理论，必须建立在有普遍意义的事实之上。"（爱因斯坦，1976：106）科学所追寻的事实主要来自科学家耐心、细致、系统的观测和积累。据说伽利略年轻时曾坐在比萨大教堂里，用自己的脉动计算用长链从屋顶垂下的灯的摆动次数，由此发现不管链的长短如何，每次摆动所花时间几乎相同。1576 年，天文学家第谷用丹麦国王弗里德里希二世的赏赐，在赫威恩岛上建造了城堡和天文台后一直从事天文观测，直至 1597 年。类似的例子不胜枚举。

科学家的求知激情还受到理性的引导。我们可以基于以下若干理由说，科学人是理性人。如果我们避开关于理性种种纷繁复杂的讨论，就可以简单地辨识出理性的若干关键要素。第一个要素是，科学家确信事物之中存在着一定的秩序。同时，正是这一定的秩序支配着事物的重复显现和变化。第二个要素是，科学家确信支配事物的普遍原则可以用人类发明的符号体系予以清楚地描述和传播。这就是说支配事物的普遍原则是可知的。第三个要素是，逻辑和数学是理性的基石。无论是从经验事实到一般原理的归纳，还是从一般假设到具体事实的演绎，都必须符合逻辑，对此应当是不存在异议的。数学使得科学计算成为可能，因此要对事物的未来发展做出可靠的预测没有数学的帮助也无异于海市蜃楼。[①] 第四个要素是，雅与美。很难对科学理性中雅与美做出明确的阐释，但我们似乎可以引用爱因斯坦的有力表述来领会它们的作用，即"人们总想以最适当的方式来画出一幅简化的和易领悟的世界图像……"（爱因斯坦，1976：101）。

科学的求知激情在理性的引导下，通过系统地收集和考察经验事实，所做出的发现通常称为阶段性"理论"。理论通常由两部分构成——概念和模型。所谓概念是对一组属性相当的经验事实的抽象。

---

① 冯·诺依曼认为科学的任务在于用模型来描绘观测到的现象，而模型是辅之以语言文字解释的数学构造（Von Neumann, 1963：492）。

当然，作为理论构造物的概念绝不是孤立的，而是组成一套互相关联、结合使用的分析工具。模型是以一定的假设为前提，使用变量和参数的语言构造的，用来描述现实的某些方面的一些简化的和易于理解的图式。概念反映了我们对所研究事物的洞见。我们对事件变化的预测能力则来自模型。两者构成了阶段性理论的既有区别又互相补充的部分。

二 不自欺的社会科学

顺着上面的观点，我们认为，社会科学①是一门科学。这门科学研究的是社会中的人和人组成的社会。它的研究对象、研究方法和研究成果可能与自然科学的对象、方法和成就间有着巨大的差别。由于社会科学的成果缺乏自然科学定律所达到的精确性，它通常被称作非精确科学或软科学。但是，我们不认为在求知的意图、求知的努力以及求知的精神气质上社会科学与自然科学之间应当有什么根本区别。

然而，我们认为社会科学同人文科学应当有所区别。这两者间的区别是重要的，因为从事社会科学的研究者常常忽视科学要求和人文关怀之间的界限。不可否认，人文科学（包括语言、文学、哲学等）构成了所有科学研究者的教养中的一个很大部分，对社会科学研究者来说尤其如此。以爱因斯坦的相对论或量子力学的发展为例。虽然我们无法确知哲学在这些发现中所起的作用到底有多大，但是我们可以肯定哲学是扮演了重要角色的。阅读哲学著作和进行哲学思考，无疑可以培养我们质疑的精神和思辨的技艺，扩展我们的心灵范围，让我们的目光去仰望遥远的星空，而不是整日迷乱于日常琐事之中。文学对于科学研究者，特别是社会科学研究者，也很重要。我们无法否认

---

① 依照《国际社会科学百科全书》的词条，社会科学涵盖了多个领域，主要包括社会学、人类学、政治科学、心理学和经济学，但通常不把历史和语言学算作社会科学（Keith，2008）。

一位好的社会科学家需要深入到文学之中，在伟大的文学中感受人性的变幻莫测和社会的纷繁复杂。但是，我们仍然认为不能用哲学思辨和人文关怀来替代科学的要求。对此的理由可以有很多。在此，我们仅指出一点，即社会科学必须具有现实感，反过来说，社会科学必须不自欺。现代社会科学的创始人之一马基雅维利在其著作《论李维》中反复强调了不自欺的极其重要性。马基雅维利在谈到自己的书时说："请相信，惟一让我感到满意的是，我知道自己在许多场合多有自欺，在此事上我却未出差错……"（马基雅维里，2005：41）在第二卷的前言中，他又说："世人历来厚古薄今，虽然他们并非总有道理；他们偏爱旧事物的方式，使他们不但赞美作家的记载使他们得以知晓的时代，而且赞美步入暮年后回忆起的青春时光。他们这种看法在多数时候都是错误的，然而我相信，导致他们自欺的原因不一而足。在我看来，首要原因在于对古代事物的不理解。"（马基雅维里，2005：205）在当前的社会科学研究中，自欺可能表现为多种形式，既有对过去的无限向往，也有对未来的美好憧憬。然而，无论哪种形式的自欺，在我们看来，过多地将哲学思辨和人文关怀带入到我们的理论成果之中是主因。从事社会科学研究的人常常被某些主义和情怀左右，不自觉地将他们对美好事物的向往带入自己的理论。我们不否认对一种好的社会状态的追求是社会科学研究者的主要动机，但这不等于说我们可以把"向往"本身当作理论的前提或结论。借用米塞斯的话，"科学决不告诉人应该如何行为；它只指出如果你想达到某一既定目的，你就得如何行为"（米塞斯，1997：50）。

三　方法是技能

那么方法在我们对社会科学的追求中起什么作用呢？这正是本文想要回答的关键问题。英国著名科学家皮尔逊给出的答案是，"整个科学的统一仅在于它的方法，不在于它的材料"（皮尔逊，2012：13）。这一说法可能有强调方法过甚之嫌。我们更愿意接受波兰尼的说法，"科学靠科学家的技能来操作。科学家正是通过行使自己的技能而造就了自己的科学知识"（波兰尼，2000：73）。什么是技能？技能就是掌握了的方法。更确切地说，技能是一种本领的规范操作在"我"身上的体现。技能始终是"我"的技能，是"我"通过向老师（权威）学习，通过向范例学习，通过不断实践，通过改正错误，通过不断琢磨和领悟才变成"我"的实践知识的东西。波兰尼给出的两个互补例子可用以说明技能的重要性。一个例子是，他本人曾在匈牙利见到过一台崭新的吹制电灯泡的进口机器。同一种机器在德国已经成功地运行了，而在匈牙利运转了一年后却仍无法生产出一只没有瑕疵的灯泡。这是匈牙利工人缺乏机器的使用技能的例子。波兰尼说的另一个例子是，"看着今人以漫无休止的努力用显微镜学和化学、用数学和电子学仿制着清一色的与二百年前那位半文盲的斯特拉迪瓦里作为日常工作制作出来的相似的小提琴，这情景真有点使人伤感"（波兰尼，2000：79）。这突出显示了技能是把我们和某个传统联系起来的东西。方法是外在的操作规范，技能是内化成"我"的一部分的方法。没有从事社会科学的技能就谈不上从事科学研究和形成科学成果，甚至谈不上求知激情。不会下棋的人，你让他如何保持对棋的热情呢？这样看起来，掌握各项从事研究的本领就极为关键了。到此，我们已经把想要陈述的观点表述出来了，即从事社会科学研究的人要掌握各种同研究相关的技能。这个论点看起来那么微不足道！如果是这样，就请让我们用一些具体的例子来说明这有多么重要吧！这些例子都与本书的词条有关，有兴趣的读者可以参看相应词条。

1. 总体研究设计

抽样调查（survey）是用问卷的形式从调查对象全体（总体）的一个或若干个样本中收集社会数据的方法。从科学研究的角度讲，我们希望获得的数据既充分（与一个研究主题相关的概念是否都测量到了）又精确。从调查实践的角度讲，我们又受到投入的经费、时间、智力资源，以及政治和社会环境等诸多限制。如何平衡科学研究的要求和调查实践的限制呢？一个可行的方法是将影响数据充分性和精确性的各个要素与调查的各个阶段分解开，明确它们各自对调查误差的影响，在调查设计之初就综合考虑各要素和各阶段的平衡，从而希望得到一个能够满足科学研究要求的"适当的"数据。这就是总体研究设计的思想。总体研究设计的思想要求我们对调查的设计、问卷的设计、抽样工作、调查实施、调查员培训和调查队伍建设，以及数据的编码、录入和清洁做通盘的考虑。调查者首先需要做的不是控制调查个别阶段可能产生的误差，而是调查各个阶段可能产生的总误差。要控制调查的总误差，就需要调查者全面掌握同调查有关的各种实际技能。

有些技能可能作为方法在书本上有介绍，有些纯粹是实践性的（比如组织研究的技能和组织调查实施的技能）。作为方法，它们叙述起来可能很简单，但我们要把它们变成自己的技能就不仅要跟着专家学习，还要假以时日不断实践。我们还要看到，调查所涉及的技能众多，几乎不可能由一个人完全掌握，所以调查注定是一项合作的事业。在调查中，我们特别要学会组织和合作的技能。

2. 详析

详析（也称拉扎斯菲尔德详析法）不是一种具体的统计技术，而是一个一般的变量间关系的推理方法。

这种方法最简单的形式是：用一个两分的检验因子（test factor）来考察两个具有时间顺序的两分变量 X 和 Y 之间的关系。简单地说，就是用一个两分变量把一个二维列联表拆分成两个新的二维列联表，再进一步考察变量 X 和变量 Y 间关系的变化，以此来厘清变量 X 和 Y 间的关系。例如，本书中提供的例子，变量 X 是性别，变量 Y 是是否发生车祸，检验因子是开车的里程数（高和低）。当我们单独看性别和车祸发生的列联表时，发现女性比男性更少发生车祸，似乎是更好的司机。但是，当我们用驾驶里程数作为检验因子，分别考察高里程数时性别和车祸的列联表，还有低里程数时性别和车祸的列联表，就会发现性别和车祸的关联消失了。原来性别和车祸的关系被"解释"为性别同驾驶里程数的关系，以及驾驶里程数同车祸的关系。用拉氏原来的表述，即任何两个变量间的关系都可以用第三个检验因子分解（两分的）作两个偏关系和两个边缘关系：$[xy] = [xy;t]' \oplus [xy;t]'' \oplus [xt] \cdot [ty]$。

这种思考方式似乎很简单，一点也不新鲜，几乎人人都会涉及。但问题是，如何把偶然的思考方式变成一般的、系统的和常规的统计分析推论方式。拉氏详析法的贡献即在于此。拉氏一般地、系统地考察了检验因子的引入和引入后的结果。他根据检验因子居于变量 X 和 Y 间的时序位置，把检验因子分作两类，居前的（A）和居间的（I）；他又根据引入检验因子后，分解得到的关系种类，分别称作偏关系（P），即引入检验因子后，原来两变量关系不消失，及边缘关系（M），即引入后，原来两变量关系消失，产生两个新的变量关系 $[xt]$ 和 $[ty]$。如此一来，他得到了四种详析类型。（1）PA 型，引入居前检验因子后，两变量关系依然存在，但是可能有所区别。比如，在考察不同类型的电影（刺激）对人的宣传效应（反应）时，可用受教育程度作居前检验因子，看看在不同条件下，效应发生的具体方式的区别。（2）PI 型，引入居间检验因子后，原来的变量关系仍存在，但发生分化。比如，默顿在考察职业地位同社区生活参与的关系时发现，不满意自己工作的白领会更多地参与社区生活，工人则在当他们满意自己的工作时才会更多地参与社区生活。这里工作满意度是居间检验因子。（3）MA 型，引入居前检验因子后，原来的变量关系消失。这时人们可以说原来的关系是虚假关系（spurious relationship）。例如，一场火灾引来的消防车越多，火灾就越危险。这里的居前检验因子可以是火灾的大小。火灾越大引来的消防车越多，火灾越大也越危险。消防车的多少同火灾的危险程度间不存在因果关系。（4）MI 型，引入居间检验因子后，原来的变量关系消失。这就是本书词条的例子，性别同车祸间没关系，而是里程长短同车祸有关系。后两种类型都会产生新的关系，即检验因子同因变量 y 的关系。拉氏告诉我们，作为一名好的科学工作者，我们应当立即用相同的程序来考察新的关系。

利用拉氏详析法，我们还可以判断两个变量的因果关系（causal relationship）。按照拉氏的界定，即如果两个具有时序的变量 X 和 Y 之间存在相关关系，当引入任意居前检验因子后，X 和 Y 的关系不消失，那么可以称 X 和 Y 之间有因果关系。然而，更容易实现的是，引入一个居前检验因子来证明 X 和 Y 的关系是虚假关系。

用这个例子，我们想说明定量分析不是简单的模型设定、数据处理、结果输出和解释结果。数据分析首先是系统地考察变量间的逻辑关系，是一种推理的技艺。好的数据分析需要"清晰的"推理。好的科学工作者则需要通过学习和锻炼来造就自己的"清晰头脑"。

3. 数据分析

定量分析软件和计算机的发展使许多原来令人望而生畏的统计分析技术变成简单的软件操作步骤。似乎只要有数据和软件，加上一台计算机，点击鼠标就可完成。其实不然，一个高质量的分析是一个十分艰辛的过程，既需要分析者深刻理解自己应用的分析方法的统计原理，也需要有逻辑清晰的理论假设，在各种可能的分析方法中进行比较并做出取舍，对模型进行修正改进。此外，还需要长期的实践。否则，所谓的分析就会变成所谓的"垃圾进，垃圾出"。

粗略地说，一个合理且有意义的回归分析大致包括以下四个部分。

　　第一，我们需要为一个理论问题找到一组适当的数据予以验证，以加强我们对理论问题的理解和信心。这涉及如何为相关的理论概念找到一组适当的测量指标，用测量指标间的关系来表示理论概念间的关系。但是，很多情况下，我们很难为理论概念找到直接的测量指标，这时就需要用别的指标来代替。于是，我们就必须理解替代指标的性质，以及它同其他指标间的关系。此外，我们可能还需要明确指标变量间的关系，它们是线性的，还是非线性的；它们是递增的，还是递减的；一个指标的变化随着另一个指标变化的大致范围，特别是有理论意义的范围等。这就意味着，在分析数据前，我们需要做许多文献工作。我们根据需要的指标得到一组数据后，立即就可以进行数据分析了吗？许多有经验的分析者的答案是，不可以。我们需要了解这组数据的收集和测量的方法等信息，需要评估数据组的质量。在分析之前，我们可能仍然需要做大量的数据清洁工作。我们的数据分析可能并不需要数据组的全部个案，那么我们就得从中选取适当的个案。有时，我们在分析前需要处理缺失值的问题。诸如此类的工作并不是一蹴而就的，实际上，也包含了大量取舍上的困难。这些工作既是规范的，也是经验的，要根据实际情况来应变。

　　第二，我们需要审慎地设定模型。在做一组变量的回归分析之前，我们可能需要花一些时间来处理变量的问题。比如，是否需要对数据中的变量加以变换，生成一个新的变量，作为回归的因变量或自变量呢？是否需要对变量重新编码，改变变量的测量层次，从而得到更有理论意义或更方便解释的结果呢？我们可能还需要通过列联表、直方图、散点图等方法，在分析前就探寻一下用以分析的变量间的关系。我们如何确定选取进入实际分析模型的变量是适当的呢？无论是根据理论的需要，还是根据统计的需要，这都是非常棘手的问题，要在以往经验的基础上，审慎地选择自己的策略。选取实际分析的变量后，我们还要设定变量间的函数形式，比如，如何处理非线性问题，如何处理交互效应等。随机部分的假设也是模型设定的重要组成部分，也需要我们清晰且慎重的设定。

第三，我们需要做好回归诊断工作。回归诊断包括，特异值的发现和处理，有影响的观测值的发现和处理，以及多重共线性的考察和处理。这就包括多种相关统计量的计算、理解和取舍。这些工作也涉及一个好的研究发现和实际分析工作间的平衡，而这又取决于个人的技能和经验。

第四，我们需要合理解释分析的结果。以回归为例，回归的判定系数越大，我们的模型拟合得越好吗？是否还存在其他更有效的拟合优度的统计量呢？如何判定某个自变量的效应是否存在呢？如何区别该变量的实质显著和统计显著呢？我们能够比较两个自变量效应的大小吗？在什么样的条件下，我们才能合理地比较效应的大小？我们可能需要非常审慎地用手头的数据分析做一般的统计推论。我们可能更需要审慎地用回归分析做因果推论。我们需要清晰地理解回归分析的性质，它能做什么和不能做什么，以及回归分析同理论验证间的关系。

回归分析像所有其他统计分析工具一样，是一项需要工匠技能的工作，而不是一件可以随便使用的工具。最重要的是，我们不能随意地把数据送入软件，然后等待结果，再不加思索地声称"结果证明了我的理论"。

4. 田野研究

田野研究是另一种有别于抽样调查的综合式调查研究方法。这种方法要求我们在社会情境、行为和事件发生的自然背景、文化背景和制度背景下，研究情境、行为和事件的实际发生和发展，从而获得关于某个具体的生活领域或具体的行动领域的理论知识。

田野研究高度依赖研究者自身。它需要研究者具有训练有素的眼睛、耳朵和嘴巴，具有相当的学科的和理论的素养，并以此为工具，到现实的社会环境中，看、听、问和思。只有具备实际田野技能的研究者才可能在田野中获得理论发现。此外，田野研究对研究者而言又不仅仅是发现的场所，它能够赋予研究者其他研究方式难以给予的鲜活体验。这些鲜活体验就像酵母一样，不仅对我们的当前研究，还会对我们的后续研究，产生巨大的作用。

田野研究需要实践多种研究方法，掌握多种研究技能。我们在做田野研究时，通常需要掌握档案研究的技能、参与观察的技能、访谈的技能和问卷调查的技能。

简单地说，在田野研究之前，我们可能需要查阅大量的官方文档、组织记录、网络资料等，以帮助我们获得对调查地的历史和当下的初步认识，赋予我们关于调查地的一些地方性知识，以及研究开展的初步线索。在田野研究中，我们可能需要随时收集和查阅一些档案资料，补充由其他方法获得的调查资料。在田野研究后，我们可能需要为调查地建立起自己的档案资料库，既为了以后的研究便利，也可以开放给其他研究者使用。

参与观察是田野研究中一种主要的研究技能。无论是作为完全的参与者，还是作为观察者的参与者，研究者都得具备相应的技能。比如，如何进入观察情境，融入观察情境？如何克服视而不见的习惯？如何提高我们观察的敏锐度？如何保持我们观察的注意力？如何增进我们对各种情境、行为和事件过程的清楚记忆？在田野中，如何记笔记，做简记、日志和阶段小结？如何在田野中保持旺盛的精力，克服田野的孤独感，避开田野中的危险等，也一样是参与观察者需要掌握的技能。

访谈是田野研究中另一种主要的研究技能。简单地说，田野研究中有两种访谈——深度访谈和焦点小组访谈。两种访谈可能都需要研究者在事前精心准备访谈提纲，无论是无结构的，还是半结构的。深度访谈需要访谈者具有倾听、追问，以及准确理解被访者谈话意图的技能。在焦点小组访谈中，访谈者也是主持人。这时，访谈者就需要掌握控制访谈场景和访谈节奏的技能。

田野研究并不排斥问卷调查，就如同抽样调查不能排斥田野研究一样。两者在研究者的调查实践中不仅应当结合起来，而且需要更好地结合起来。因此，从事田野研究的研究者还必须掌握问卷调查和数据分析的相关技能。

最后，田野研究不仅是技能，还是伦理。研究者可能需要谨慎地处理自己在调查地扮演的角色，作为法官、检察官、行动者还是研究人员。研究者还可能需要始终如一地记住自己对调查对象所担负的责任和义务。

5. 敏化概念

作为社会科学理论的学生，我们的主要困难是缺乏用以理解抽象概念的实际经验和背景知识。作为日常生活中的一员，我们又常常陷入生活的种种经验细节之中，无法从中获得相应的理论知识。那么一个研究者如何可能对经验世界具有理论感知，并能够从经验世界走向理论发现呢？美国社会学家布鲁姆提出了"敏化"的概念。简单地说，敏化概念就是要求研究者深入到经验世界之中，从而赋予抽象概念以感知力，同时用具有感知力的概念来引导研究者对经验世界的系统探究，从而达到理论精炼或理论发现的目的。

敏化概念的掌握可以从两个方向进行。一个方向是用理论概念审视经验世界，另一个方向是通过经验材料的系统编码来走向理论概念。

用理论概念审视经验世界就是主动把理论概念当作我们自身感知器官的组成部分，去看、去听和感受。举例来说，官僚人格是研究官僚制会涉及的一个理论概念。研究者可能已经从他人的文献中学会怎样去界定、分类或操作化这一概念，却未必会用这个概念来审视他们的周遭世界。这时研究者可能需要暂时放下关于官僚人格的学术定义，实际地看一下官僚人格的发生。比如，读一读王蒙的小说《组织部来了个年轻人》。这篇小说的作者透过事件发生的场景、过程以及人物的对话，描绘了多种官僚人格。这些官僚人格不再是理论世界的内容，而是现实生活的组成部分。当然，研究者可能更需要在他自己的日常生活中发现官僚人格，发现官僚人格的各种表现和类型，发现单一的和复杂的官僚人格，发现与官僚人格相冲突的其他人格等。当研究者在他的日常生活或田野中，能够敏锐地察觉到各种官僚人格的展现时，官僚人格就不仅仅是外在于他的理论概念，而是他的上手工具。

研究者也可以试着按扎根理论的要求去做，暂时悬置已有的理论概念，保持理论发现的追求，沉入到经验资料中，通过由低到高的抽象思考，通过资料间的恒定比较，通过编码和写作备忘录，争取"浮现"理论。在编码过程中，研究者先用不同的初级编码来确定经验资料的差异，再通过初级编码的归类走向更高层次的理论概括。编码过程先是揉碎经验资料的过程，再是组成概念图像的过程。研究者可以把编码和写作备忘录看作一种系统的训练，因为这样做的确可以培养研究者的理论敏锐。

6. 个案研究

个案研究是另一种经常为研究者使用的研究策略。研究者还可以把它同定量研究、实验研究或模拟研究结合起来使用，用多策略研究方式寻求理论发现和理论检验。那么如何从社会和历史的现实中取出一个个相对独立的，既具有经验的独特性又具有理论的普遍性的经验对象呢？又如何在构建"个案"的同时，精炼相关的理论呢？

首先，研究者可能需要具有界定个案的技能。初看起来，个案的界定似乎不成问题，但是研究者如果仔细地思考一下"什么是个案"，就会发现这个问题难以回答。特别是在实际研究中，研究者在研究设计之处就需要较为明确地界定个案的经验和理论的边界。个案可能是一个人、一段生活、一种生活样式，可能是一个社区、组织或制度，可能是一个个小的事件或具有历史文化意义的宏大事件，也可能是一个个具体的社会情境或模糊的社会趋势。那么如何确定个案经验上的时间、空间边界，以及可能包含的行动者和事件的边界呢？这恐怕难以有现成的答案。许多时候这只是作为问题需要研究者在自己的研究之前、研究之中和研究之后不断地追问，而且研究者也只能凭借着自己训练有素的理论直觉和实际的研究予以解答。

其次，研究者可能需要具有构建个案的技能。个案不是地理空间中清楚地在那里的一个地标。个案是研究者自己根据他们的理论探索，从经验世界中构建出来的认识对象。这个经验对象可能存在于档案中，存在于人们的言行中，存在于人们的记忆和心灵中。要将一个个案从中取出来，就需要研究者具有提出具体研究问题的本领。这些具体的研究问题不是向他人提出的，而是研究者向自己提出的。它的形式是，"我想要知道……是何、如何和为何"。只有通过具体的研究问题，研究者才有可能构建个案的骨架和血肉。同时，研究者的研究问题越具有理论意义，他的个案越可能具有理论价值。

再次，研究者可能需要具有追问事实的技能。这里的事实指的是一个人的讲述是否真实，或一个事件发生的实际过程等。研究者不可能凭借单方面的材料来构建经验对象，可能需要运用三角测量的原则，从多个视角出发，运用多种研究工具，并通过多种研究资料的收集和分析，来构建确实可信和丰富饱满的个案。比如，用几个共同参与者的访谈来相互校验、纠正和补充他们的共同经历。

又次，研究者可能需要具有理论精炼的技能。在从经验资料中构建起个案的同时，研究者也在淬炼他们的分析工具。研究者既可以通过呈现个案的独特性来精炼一个概念，也可以通过多个个案的比较来精炼某一特定理论，或者通过对比不同尺度、不同复杂程度、不同组织形式的个案来精炼某一理论框架。研究者既要沉入个案的经验细节之中，也要从经验事实上升到抽象的云层，做到一览众山小。这可能需要研究者掌握分析式归纳的技能，通过归纳走向一般，再从一般回到具体经验，进而将一个个丰富饱满的经验对象变为具有现实感和说服力的理论图示。研究者可能需要用同一件理论工具雕琢出不同的经验对象，也需要不断完善自己的理论工具箱。

最后，个案研究可能需要具有团队研究的技能。在从事多个个案研究、小 N 研究、大尺度的复杂个案研究或多视角的个案研究时，研究者可能需要组成一个团队，一起收集和分析经验资料，一起署名发表。这时就可能涉及许多团体合作的问题。比如，团队领导者的组织力和协调力，如何建立团队的进取精神，如何形成团队的分工和协作，如何处理团队成员间的冲突，如何处理个别成员的搭便车问题，如何协调研究成果的共享和署名权问题，等等。在研究团队中，团队领导者和成员可能都需要掌握一定的社交技巧，营造一个既能相互激励又能相互尊重的研究氛围。

通过上述六个例子，我们主要想说明，方法是需要掌握的技能，技能是"我"的方法。为了探究我们生活于其中的经验世界，把纷繁复杂的种种经验现象做成合理的、有现实感和美感的理论图示，我们就必须掌握用以感知和思考的工具。只有当我们能够像能工巧匠运用他们的斧和凿一样，规范、熟练，甚至巧妙地掌握自己的手头工具时，我们才能做出"好的"科学成果。当然，我们也只有通过实际的经验研究，才能真正把方法内化为自己的研究技能。

最后，我想再次强调，本书是学习和应用社会研究方法的好向导，希望广大读者能在这个向导的引领下，在学习和应用社会研究方法方面取得更大的进步。

参考文献

爱因斯坦，1976，《爱因斯坦文集》（第一卷），许良英、范岱年编译，北京：商务印书馆。

卡尔·皮尔逊，2015，《科学的规范》，李醒民译，北京：商务印书馆。

马基雅维里，2005，《论李维》，冯克利译，上海：上海世纪出版集团。

迈克尔·波兰尼，2000，《个人知识》，许泽民译，贵阳：贵州人民出版社。

米塞斯，1997，《人的行为》，夏道平译，台北：远流出版事业股份有限公司。

Kerr, K. 2008. "Social Science." in *International Encyclopedia of the Social Sciences*, *MacMillan Social Science Library*, （ed.）William A. Darity, pp. 614 – 618. Detroit：Macmillan.

von Neumann, J. 1963. "Method in the Physical Sciences." in *John von Neumann-Collected Works Volume 6*：*Theory of Games*；*Astrophysics*；*Hydrodynamics*；*Meteorology*, （ed.）A. H. Taub, pp. 491 – 498. London：Pergamon Press.

Whitehead, A. N. 1948. *Science and the Modern World*. New York：The New American Library.

Whitehead, A. N. 1971. *The Function of Reason*. Boston：Beacon Press.

图书在版编目（CIP）数据

日常生活研究的方法论：一个初步的探索 / 赵锋著
. -- 北京：社会科学文献出版社，2023.10
（当代中国社会变迁研究文库）
ISBN 978 - 7 - 5228 - 2542 - 7

Ⅰ. ①日… Ⅱ. ①赵… Ⅲ. ①日常生活社会学 - 文集
Ⅳ. ①C913.3 - 53

中国国家版本馆 CIP 数据核字（2023）第 184549 号

当代中国社会变迁研究文库
日常生活研究的方法论
————一个初步的探索

著　　者 / 赵　锋

出 版 人 / 冀祥德
责任编辑 / 胡庆英
责任印制 / 王京美

出　　版 / 社会科学文献出版社·群学出版分社（010）59367002
　　　　　　地址：北京市北三环中路甲 29 号院华龙大厦　邮编：100029
　　　　　　网址：www.ssap.com.cn
发　　行 / 社会科学文献出版社（010）59367028
印　　装 / 三河市龙林印务有限公司

规　　格 / 开　本：787mm × 1092mm　1/16
　　　　　　印　张：13.5　字　数：180 千字
版　　次 / 2023 年 10 月第 1 版　2023 年 10 月第 1 次印刷
书　　号 / ISBN 978 - 7 - 5228 - 2542 - 7
定　　价 / 79.00 元

读者服务电话：4008918866